THE SCHOOL FOR SCANDAL,

OU

L'ÉCOLE DE LA MÉDISANCE,

COMÉDIE EN CINQ ACTES;

Par RICHARD BRINSLEY SHEREDAN, Ecuyer.

REPRÉSENTÉE pour la première fois sur le Théatre Royal de DRURY-LANE, *l'année 1776.*

M. DCC. LXXXIV.

ACTEURS.

SIR PETER TEAZLE.
SIR OLIVER SURFACE.
JOSEPH ET CHARLES SURFACE, } *Neveux de Sir Oliver.*
SIR BENJAMIN BACKBITE.
CRABTREE, *Oncle de Sir Benjamin.*
ROWLEY, *Intendant.*
SNAKE.
SIR TOBY BUMPER.
CARELESS.
MOSES, *Juif.*
TRIP, *Valet de Chambre de Charles.*
Un Laquais *de Joseph.*

Les Femmes.

LADY TEAZLE.
MARIA, *riche héritiere.*
LADY SNEERWELL.
Madame CANDOUR.
Une Femme de Chambre *de Lady Teazle.*

La Scene se passe à Londres.

L'ÉCOLE DE LA MÉDISANCE (1).

ACTE PREMIER.

SCENE PREMIERE.

LADY SNEERWELL, SNAKE, *assis à une table a thé.*

LADY SNEERWELL.

JE puis compter, M. Snake, que les paragraphes seront insérés dans les journaux.

(1) Cette Piéce eut le plus grand succès ; elle eut soixante-quatre représentations de suite, & la dernière fut aussi applaudie que la première. Elle est d'autant plus piquante, que tous les rôles sont fondés sur des caractères connus dans

SNAKE.

Oui, Myladi, & comme j'ai eu l'attention de les copier moi-même, il n'y a point à craindre qu'on vous soupçonne d'en être l'auteur.

LADY SNEERWELL.

Avez-vous eu soin de publier l'intrigue supposée entre Lady Britle & Capitaine Boastall?

SNAKE.

Elle prend à merveille. J'espère que Madame Clacket en sera instruite avant demain, & pour lors l'affaire ira bon train.

LADY SNEERWELL.

Madame Claket ne manque ni de talens, ni d'industrie.

SNAKE.

Elle eut, dans sa jeunesse, de grands succès: de ma connoissance, elle fut cause de six ruptures de

---

la société. Celui de Charles Surface, a pour original un fameux membre du Pailement, qui s'y est distingué par son éloquence, & dont on a parlé souvent dans tous les papiers publics. Les noms des Acteurs sont fort analogues à leur rôle: *Teazle*, signifie en françois un tourment, une personne qui se plaît à faire enrager les autres. *Surface*, signifie *double face*, fausseté: *Backbite*, diffamateur: *Crabtree*, pommier sauvage, il signifie ici, homme sévère & variant suivant les occasions: *Snake*, vipère: *Sneerwell*, qui ricane à propos: *Candour*, ingénuité.

mariages, contrats signés ; a fait déshériter trois enfans de famille ; a contribuée à six enlevemens, à autant d'emprisonnemens, à neuf séparations, & à deux divorces. — Elle a même publiée des aventures entre des gens qui ne se connoissoient pas, & a été cause de plusieurs querelles à ce sujet.

LADY SNEERWELL.

Il manque à son génie une certaine délicatesse.

SNAKE.

Elle est mordante, invente bien, mais peint mal : elle ne possede pas ce sourire malin qui distingue si bien l'aimable Lady Sneerwell.

LADY SNEERWELL.

M. Snake veut me flatter !

SNAKE.

Point du tout, Madame, mais il faut convenir qu'un de vos regards exprime davantage, que le récit le mieux détaillé, eut-on même la vérité en sa faveur.

LADY SNEERWELL.

Je conviens, mon cher, que souvent je jouis en secret de mes succès. Vilipendée, dans ma jeunesse, je m'en venge aujourd'hui, & tâche de me faire une réputation aux dépends de tout le monde.

SNAKE.

A merveille. — Mais vous m'avez emploié dernièrement dans une affaire, où je ne comprends rien.

LADY SNEERWELL.

Est-ce celle qui regarde mon ami Sir Peter Teazle & sa famille ?

SNAKE.

Justement : je n'ignore pas que Sir Peter fut chargé de l'éducation de deux frères, Joseph & Charles Surface, à la mort de leur père. Je sais que l'aîné généralement estimé vous fait sa cour avec succès, & que le cadet, jeune prodigue, libertin & étourdi, rend ses hommages à Maria, la Pupille de Sir Peter, & qu'il en est favorablement écouté : mais ce qui m'étonne, Madame, c'est que vous, veuve d'un Chevalier de la Cité, & jouissant d'une grande fortune, vous n'épousiez pas cet homme accompli, dont la naissance, le rang, & l'état vous conviennent, & que vous vous amusiez à rompre clandestinement les liaisons qui regnent entre Charles & Maria.

LADY SNEERWELL.

Un mot suffit pour expliquer cette énigme : il n'y a point d'attachement entre M. Surface & moi.

SNAKE.

Vous m'étonnez !

LADY SNEERWELL.

Il a des vues sur Maria, ou plutôt sur sa fortune ;

mais son frère étant préféré, il n'a nul espoir : & pour mieux cacher ses sentimens, il feint de m'être attaché.

SNAKE.

Mais, pourquoi vous intéresser plutôt à lui qu'à son frère? Cette union doit vous être indifférente?

LADY SNEERWELL.

Vous êtes bien borné, mon ami. Comment! vous n'en devinez pas la raison?

SNAKE.

Non.

LADY SNEERWELL.

Ce Charles, ce libertin, ce prodigue, cet homme ruiné de bien & de réputation, que je persécute avec acharnement, est celui que j'aime, à qui je sacrifierois ma vie & tout ce que je possède.

SNAKE.

Je vois maintenant que votre conduite est conséquente. — Mais comment s'est établie cette intelligence entre M. Surface & vous? Vos caractères s'accordent si peu.....

LADY SNEERWELL.

Notre intérêt mutuel a formé cette liaison. Quoique Joseph affecte des sentimens généreux, il est méchant, faux & artificieux : c'est un fourbe qui se sert habilement du masque de la vertu, pour mieux tromper Sir Peter, & toute la société.

SNAKE.

Je sais que ce dernier fait par-tout son éloge.

LADY SNEERWELL.

Trompé par une apparence de vertu, Sir Peter favorise ses vues sur Maria, & tandis que le pauvre Charles n'a personne pour plaider sa cause auprès d'elle, Joseph a le plus grand espoir ; mais je crains que son frère n'ait encore un puissant protecteur dans le cœur de Maria, & c'est contre ce penchant qu'il nous faut diriger tous nos efforts.

UN LAQUAIS.

M. Surface demande à vous parler, Madame.

LADY SNEERWELL.

Faites-le entrer. — Voici l'heure où il vient ordinairement chez moi ; il n'est pas étonnant qu'on m'attribue cette conquête.

SCENE II.

Les précédens, JOSEPH SURFACE.

JOSEPH.

PARDONNEZ, Madame,.... si je vous interromps....

LADY SNEERWELL.

Point du tout : M. Snake me plaisantoit sur notre liaison ; je lui en explique le motif, & n'ai pas besoin de vous rappeller que les services qu'il nous a rendus, lui mérirent cette confiance.

JOSEPH.

Il n'est pas à craindre qu'un homme du mérite de M. Snake en abuse.

LADY SNEERWELL.

Trève aux complimens : dites-moi plutôt quand est-ce que vous avez vu Maria, mais sur-tout votre fière ?

JOSEPH.

Je n'ai vu ni l'un ni l'autre depuis que j'ai eu l'honneur de vous faire ma cour. Je n'ignore cependant pas qu'ils sont brouillés : vos paragraphes ont produit leur effet.

LADY SNÉERWELL.

Graces aux soins de M. Snake. — Les besoins de votre frère s'accroissent-ils ?

JOSEPH.

Il est plus embarrassé que jamais. On m'a dit qu'il avoit eu hier une autre saisie chez lui.

LADY SNEERWELL.

Pauvre Charles !

JOSEPH.

Hélas oui ! Malgré ses torts on ne peut s'empêcher de le plaindre. Je voudrois trouver l'occasion de lui être essentiellement utile : car, l'homme qui ne partage pas les peines d'un frère, mérite d'être....

LADY SNEERWELL.

De la morale ! — Vous oubliez que vous êtes avec vos amis.

JOSEPH.

Ha ! ha ! ha ! ha ! ma foi je l'oubliois. — Ho ! nous garderons ces sentences pour Sir Peter. — En vérité, Lady Sneerwell, il faut préserver Maria du joug de ce libertin, & réformer les mœurs de mon frère : personne n'y réussira mieux que vous.

SNAKE.

J'entends du monde dans votre anti-chambre ; si vous me le permettez, Madame, j'irai copier la lettre en question.

LADY SNEERWELL.

Fort bien. (*Snake sort.*)

JOSEPH.

Je m'étonne de vous voir confier notre secret à un tel homme. Il a eu dernièrement plusieurs conférences avec le vieux Rowley, ancien Intendant de mon pète, qui ne m'aima jamais.

LADY SNEERWELL.

Snake est incapable de nous trahir.

JOSEPH.

C'est un coquin, qui n'a pas même le mérite d'être fidèle à ses vues.

LADY SNEERWELL.

Paix : voici Maria.

SCENE III.

Les précédens, MARIA.

LADY SNEERWELL.

HÉ ! bon jour mon ange. — Qu'avez-vous ? vous me paroissez bien affligée.

MARIA.

Je ne suis qu'ennuiée, Madame : — L'odieux Sir Benjamin Backbite, qui, comme vous savez, s'avise de me faire la cour, & son méprisable oncle, M. Crabtree, sont chez mon Tuteur; ne pouvant plus tenir à leurs propos insolens, je suis venue chez vous.

LADY SNEERWELL.

Vous avez de l'humeur pour si peu de choses?

JOSEPH.

Si mon frère eût été de la partie, nous n'aurions pas eu le plaisir de voir Miss.

LADY SNEERWELL.

Il se plaît à vous tourmenter: & moi j'ose assurer que Miss vous sachant chez moi, a pris ce prétexte pour y venir. — Mais que trouvez-vous de si désagréable en Sir Benjamin pour le fuir?

MARIA.

Sa conversation n'est qu'un tissu d'épigrammes. L'esprit me paroît sans mérite, dès que la méchanceté en fait tout l'agrément. — N'êtes-vous pas de mon avis, Monsieur?

JOSEPH.

Sans doute: quand on sourit à la plaisanterie qui enfonce une épine dans le cœur, on est aussi criminel que l'auteur de la médisance.

LADY SNEERWELL.

Mais on n'a guères d'esprit sans un peu de malice: elle donne le piquant à la conversation. — Conveniez, M. Surface, que j'ai raison.

JOSEPH.

Certainement, Madame : Miss doit convenir, si la raillerie étoit bannie de la société, la conversation y languiroit.

MARIA.

Je ne prétends pas prescrire des regles à la société ; mais il me paroît que la médisance, sur-tout dans un homme, est un vice bien méprisable. L'*envie* & la *vanité* l'excusent peut-être dans notre sexe, mais dans le vôtre, Monsieur, il n'y a qu'un défaut de courage qui puisse vous en rendre coupable.

UN LAQUAIS.

Madame Candour fait demander si Myladi est visible.

LADY SNEERWELL.

J'y suis. — Voici une femme dont l'humeur vous conviendra ; quoiqu'un peu bavarde, elle est fort indulgente.

MARIA.

Ah, Madame ! je connois son indulgence : elle est plus méchante que le médisant Crabtree.

JOSEPH.

Mademoiselle a raison : malheur à ceux dont elle entreprend de défendre la réputation.

LADY SNEERWELL.

Paix, paix : la voici.

SCENE IV.

Les précédens, Madame CANDOUR.

Madame CANDOUR.

AH! ma chère Lady Sneerwell. (*Elle l'embrasse & salue les autres.*) Hé bien ! avons-nous quelques nouvelles ? Rien de bon, je parie : de la médisance ! Hélas oui : tout au plus de la médisance.

JOSEPH.

Vous l'avez dit, Madame.

Madame CANDOUR.

On n'entend que cela : oh ciel ! quel monde ! Ah! bon jour Maria : comment vous portez-vous, mon enfant ? Tout est donc dit entre vous & Charles ? — Il est trop dérangé. — On ne parle par-tout que de ses étourderies.

MARIA.

Je suis fachée, Madame, qu'on ne s'occupe pas de ses propres affaires.

Madame CANDOUR.

Que voulez-vous, mon enfant ! peut-on fermer la bouche à tout le monde ? — On dit aussi que votre Tuteur & sa femme ne s'accordent guères.

MARIA.

On a tort, Madame.

Madame CANDOUR.

Sans doute : la plûpart de toutes ces histoires sont toujours sans fondement : c'est comme l'affaire entre Madame *Fashion* & le Colonel *Cotterie* ; en fut-on jamais bien instruit ? Pas plus tard qu'hier, Miss Prim m'assura que M. & Madame Honey-moon, commençoient seulement, après un mois de mariage, à être mari & femme comme le reste de leurs amis : elle m'apprit aussi que certaine veuve voisine de ce quartier, montroit de nouveau sa belle taille.

JOSEPH.

Certaines gens se permettent tout.....

Madame CANDOUR.

Hé, vous avez bien raison : — Mais comment faire ? Madame Clacket m'apprit hier que notre ancienne amie, Miss Prudeley, fuyant avec son maître à danser, fut arrêtée par son Tuteur à l'instant où elle entroit dans la diligence de York. — A propos, on m'a dit aussi que Milord Flimsy a trouvé sa femme dans une maison suspecte, & que Tom Saunter & Sir Harry Idle, auroient un duel pour cette aventure. — Peut-être n'en est-il rien : d'ailleurs, je serois au désespoir de divulguer de telles histoires.

JOSÉPH, *ironiquement.*

Ho ! j'en suis convaincu, Madame.

Madame CANDOUR.

Moi ! Ah, bon dieu ! on ne me connoît pas : ceux qui racontent sont aussi répréhensibles que ceux qui inventent.

UN LAQUAIS.

Sir Benjamin Backbite, & M. Crabtree.

SCENE V.

Les Acteurs précédens, SIR BENJAMIN BACKBITE, M. CRABTREE.

CRABTREE, *d'un air empressé ; il fait plusieurs révérences.*

MESSIEURS, Mesdames. — Ah, Madame Candour ! Mon neveu n'a pas, je crois, l'honneur d'être connu de vous ; il a un goût exquis pour la poésie, & fait une charade & un rebus sur tous les sujets qu'on lui propose.

SIR BENJAMIN.

Ho, mon oncle ! Mon oncle...

CRABTREC.

Je vous jure que je n'exagère pas. — Vous connoissez sans doute son charmant quatrain sur les plumes de Lady Frizzle, qui prirent feu à l'assemblée de de Lady Ponto; & sa fameuse charade, dont le premier est le nom d'un poison; le second, celui d'un Amiral, & son.....

SIR BENJAMIN.

De grace, mon oncle, de grace....

LADY SNEERWELL.

Je m'étonne, chevalier, que vous n'ayez jamais fait imprimer.

SIR BENJAMIN.

Fi donc, Madame, cela est trop commun. Mes petites productions sont principalement des épigrammes & des chansons contre certaines gens; j'en donne des copies manuscrites aux amis de ceux que j'attaque, & leurs succès sont plus certains. — J'ai cependant quelque élégies amoureuses qui verront le jour, dès qu'elles obtiendront un regard favorable de cette belle demoiselle.

CRABTREE, *à Maria.*

Morbleu, Madame, elle' vous immortaliseront, votre nom passera à la postérité, comme la *Laure* de Petrarque, & la *Sacharissa* de Waller.

SIR BENJAMIN, *d'un ton affectueux.*

Je suis convaincu qu'elles auront le bonheur de vous plaire, lorsqu'elles seront imprimées en bel *in-quarto*, orné d'un beau *rivulet* de texte, coulant doucement au travers de la marge d'une superbe prairie; & je vous jure, Madame, que vous verrez les plus élégantes productions de ce genre.

CRABTREE.

Parbleu, Mesdames, savez-vous la grande nouvelle?... ..

Madame CANDOUR.

Vous voulez dire sans doute celle....

CRABTREE.

Hé non, ce n'est pas cela. — Miss Nicely épouse son laquais.

SIR BENJAMIN.

On a fixé le jour & ordonné les livrées.

CRABTREE.

Il y a des pressans motifs pour hâter ce mariage....

LADY SNEERWELL.

Je n'en crois rien, & suis même fort surprise d'entendre de pareils propos sur une demoiselle aussi réservée.

SIR BENJAMIN.

C'est justement ce qui rend la nouvelle probable. Je me suis toujours douté que cette grande réserve cachoit quelque chose d'extrordinaire.

Madame CANDOUR.

Il y a des prudes plus coupables, que des caractères décidés.

SIR BENJAMIN.

Il en est des caractères comme de la santé, les uns & les autres ont leurs valétudinaires : ils évitent également tout ce qui leur nuit, & suppléent par les soins & la circonspection, à ce qui leur manque du côté de la constitution.

Madame CANDOUR.

Je crains qu'il n'y ait dans tout ceci un malentendu : souvent les moindres soupçons donnent naissance à une quantité d'histoires qui paroissent vraisemblables.

CRABTREE.

Cela est vrai, Madame ; très-vrai. — A propos, Mesdames, vous savez sans doute que Miss Letitia Piper a perdu, à Scarborough, son amant & sa réputation. Neveu, racontez cette aventure à ces Dames ; vous vous rappellerez mieux que moi toutes ces circonstances.

SIR BENJAMIN.

Elles sont très-plaisantes.

LADY SNEERWELL.

Vîte, vîte ; je meurs d'envie d'en être instruite.

SIR BENJAMIN.

Il faut savoir, Mesdames, qu'un soir à l'assemblée de Lady Spadille, on parla de la difficulté de propager en Angleterre les moutons de la nouvelle

Ecosse. Une Dame répliqua que cette propagation n'étoit pas aussi difficile qu'on se l'imaginoit; les brebis de sa cousine Miss Piber ayant eu deux.... Quoi, s'écria la sourde Mistriss Dundizzy, Miss Piper est accouchée de deux jumeaux: on ne répondit que par des éclats de rire, & le lendemain on disoit par-tout que l'aimable Miss étoit mère d'un fils & d'une fille.

(*On fait des éclats de rire.*)

CRABTREE, *sérieusement.*

Ho, cela est vrai: je vous jure que cela est vrai. (*Après un moment de rèflexion.*) — Ho, M. Surface, comment vous portez-vous? Je ne vous avois pas vu. — On m'a dit que votre oncle Sir Oliver Surface arrivoit au premier jour. — Que de mauvaises nouvelles à son retour! — Que de tristes nouvelles. — Que dira-t-il, en apprenant les fredaines de votre frère?

JOSEPH.

Il faut espérer que des gens ardens à nuire, ne l'auront pas indisposé contre: lui — il peut se corriger.

SIR BENJAMIN.

Certainement il peut se corriger. Malgré tous les propos tenus sur son compte, je lui suppose des principes; & quoiqu'il n'ait plus d'amis, personne, dit-on, ne jouit d'une meilleur réputation parmi les Juifs.

CRABTREE.

Parbleu, Monsieur, si l'on convertissoit la vieille Juiverie en tribunal des pupilles, Charles auroit droit d'en être Echevin; il paie autant de rentes viagères que la tontine d'Irlande. Lorsqu'il est malade on fait des prières publiques dans toutes les Synagogues.

SIR BENJAMIN.

En dépit de ses détresses, personne ne vit aussi splendidement; lorsqu'il régale ses amis, on dit qu'il est souvent à table avec une douzaine de cautions, deux douzaines de créanciers dans son anti-chambre, & un gardien derrière la chaise de chaque convive.

JOSEPH.

Ces détails, quoiqu'amusans, blessent la délicatesse d'un frère sensible.

MARIA, *à part.*

Je n'y tiens plus. (*haut.*) Un mal de tête effroyable me force de m'éloigner un instant.

(*Elle sort.*)

Madame CANDOUR.

Elle pâlit.

LADY SNEERWELL.

Suivez-la, ma chère amie.

Madame CANDOUR.

De tout mon cœur. Dieu sait la situation, où est la pauvre fille.

LADY SNEERWELL.

Elle n'aime point à entendre dire du mal de Charles.

SIR BENJAMIN.

Son amour ne peut se contraindre.

CRABTREE.

Quoiqu'il en soit, Neveu, ne vous rebutez pas. Voyons où elle est ; récitez-lui quelques-unes de vos odes, je vous seconderai.

SIR BENJAMIN.

Mon dessein n'est pas de vous offencer, M. Surface; mais croyez-moi, votre frère est absolument ruiné.

CRABTREE.

Ruiné comme un vieux château. Il n'a plus un sol de crédit.

SIR BENJAMIN.

On dit qu'on a vendu tous ses effets...

CRABTREE.

Oui, oui, tout est vendu. Il ne lui reste que quelques vieilles bouteilles & une demie douzaine de tableaux, heureusement encadrés dans de la boiserie; car sans cela ils seroient déja partis.

SIR BENJAMIN.

Je suis fâché d'apprendre qu'il ait commis des basseses....

CRABTREE.

Ho, il en est capable, voilà ce qui est certain.

SIR BENJAMIN.

Malgré tout cela il est votre frère, &....

CRABTREE.

Sans doute, il est votre frère; mais nous vous en dirons davantage une autre fois. Allons, Neveu, les odes.

(Ils sortent.)

LADY SNEERWELL.

Quel dommage, qu'ils n'aient pu achever de vous instruire!

JOSEPH.

Leurs propos vous déplaisoient autant qu'à Maria:

LADY SNEERWELL.

Ah, Joseph! leur affection mutuelle est trop bien établie. Toute la famille se rend ici ce soir. Dinez avec moi, nous aurons le temps de nous consulter; j'inventerai de nouveaux stratagêmes, & vous tâcherez de les mettre en pratique auprès de Maria, & de tous ceux qui s'opposent à nos désirs.

(Ils sortent.)

SCENE VI.

Maiſon de SIR PETER TEAZLE.

SIR PETER.

LORSQU'UN vieux garçon épouse une jeune femme, à quoi doit-il s'attendre ? — Voilà sept mois que Lady Teazle a fait mon bonheur, & depuis ce moment, je suis le plus malheureux des hommes. — Nous eûmes une petite dispute avant d'aller à l'Eglise, & nous finîmes par nous quereller avant que les cloches eussent achevées d'annoncer la fête. — J'ai manqué de suffoquer vingt fois de dépit, pendant le premier mois de mon mariage, & j'avois perdu toute satisfaction avant que mes amis eurent finis les complimens. — Cependant j'ai eu la prudence d'épouser une demoiselle de la campagne, dont tout le luxe se bornoit à une seule robe de soie, & tout les divertissemens, à danser une fois l'an au bal des courses des chevaux. — Qu'ai-je gagné par ma précaution ? — Rien. — Elle joue son rôle dans toutes les extravagances du ſiècle, d'auſsi bonne grace que si elle n'eût jamais vu d'autre buisson, ou d'autre boulengrain, que celui du quarré de Grosvenor. — Toutes mes connoissances sourient malignement en me saluant, & l'on ne m'épargne pas dans les papiers publics. — Elle dépense mon bien, contrarie mes goûts; & ce qui me désespère, c'est de l'aimer malgré moi; mais j'ai soin de lui cacher cette foiblesse. Elle n'en sera jamais instruite.....

SCENE VII.

SIR PETER, ROWLEY.

ROWLEY.

VOTRE très-humble serviteur, Sir Peter; je suis charmé de vous voir aussi bien portant.

SIR PETER.

Je ne me porte pas bien, M. Rowley; je suis très-mal, en vérité, très-mal.

ROWLEY.

Vous est-il arrivé quelque chose de fâcheux depuis hier?

SIR PETER.

Belle question à un homme marié.

ROWLEY.

Myladi Teazle ne peut-être la cause de votre mal....

SIR PETER, *avec empressement.*

Ma femme...... Vous auroit-on dit qu'elle est morte?

ROWLEY.

Convenez, Sir Peter, que malgré vos petites disputes, vous ne l'en aimez pas moins.

SIR PETER.

C'est ce qui me désole, Rowley : dans toutes nos disputes elle a toujours tort, & n'en est pas plus docile. — Vous savez que je suis extrêmement doux, & ne cesse de le lui dire.

ROWLEY, *malicieusement.*

Le croyez-vous, Sir Peter?

SIR PETER.

Personne n'en doute. Sa liaison avec Lady Sneerwel, & tout le conclave de médisans qui s'y rassemble, contribue à l'éloigner de la soumission qu'elle doit à mes volontés. Il n'est pas, jusqu'à Maria qui ne s'avise d'avoir des fantaisies. Elle refuse l'époux que je lui destine, & préfère le débauché Charles à son frère Joseph.

ROWLEY.

Vous n'ignorez pas, Sir Peter, que j'ai pris la liberté d'avoir une opinion différente de la vôtre sur le compte de deux frères. Je gagerois ma vie que Charles se corrigera. Feu son père, mon très-digne & honorable Maître, avoit à cet âge les mêmes défauts. — Avez-vous connu, depuis, un ami plus fidèle, un homme plus vertueux? Il emporta les regrets de tous ceux qui l'avoient connu.

SIR PETER.

Vous avez tort, M. Rowley, très-grand tort. Nommé tuteur par le testament de leur père, j'ai occasion d'étudier le caractère des deux frères : mais la libéralité de leur oncle, Sir Oliver, en leur procurant une fortune indépendante, m'a empêché d'y remédier. Les vertus héréditaires de Charles, sont depuis long-tems dissipées avec sa fortune : Joseph, au contraire, continue d'être un exemple de sagesse.

ROWLEY.

Je me tais, Sir Peter; je suis seulement fâché de vous voir prévenu contre le cadet, au moment où il aura besoin de vos bonnes graces. — Son oncle est arrivé.

SIR PETER.

Mon ancien, mon bon ami Sir Oliver est arrivé? vous ne l'attendiez pas encore.

ROWLEY.

Un prompt passage a précipité son retour.

SIR PETER.

Quel plaisir j'aurai à l'embrasser ! — Il y a seize ans, mon cher, que nous ne nous sommes vûs. — Est-il toujours dans le dessein de cacher son arrivé à ses neveux?

ROWLEY.

Son projet est de les éprouver sous un nom supposé.

SIR PETER.

Stratagême inutile ! Joseph ! Joseph ! Voilà l'homme. — Ecoutez, Rowely, ignore-t-il que je suis marié ?

ROWLEY.

Il en est instruit, & se propose de venir vous féliciter.

SIR PETER.

Ce compliment ressemblera à celui qu'on fait à un poulmonique ! — Mais je veux qu'il loge ici ; allez le prendre, je vais donner des ordres pour sa réception. (*Il fait quelques pas, & revient.*) — Nous avons souvent tourné le mariage en plaisanterie, — Il a tenu bon à ses principes. — Nallez pas lui dire que ma femme & moi nous nous disputons quelquefois ; je voudrois lui faire croire (Dieu me le pardonne) que nous sommes le couple le plus heureux de la terre.

ROWLEY.

Il faudra bien vous observer pendant qu'il est ici.

SIR PETER.

Je crains que cela ne soit fort difficile. — Morbleu, Rowley ! lorsqu'un vieux garçon épouse une jeune femme ; il mérite......, ouï, mon ami, il mérite.... Mais la punition suit de près la *faute*.

Fin du premier Acte.

ACTE II.

SCENE PREMIERE.

SIR PETER, LADY TEAZLE.

SIR PETER.

JE vous le répète, Lady Teazle; je ne le souffrirai pas.

LADY TEAZLE.

Tout comme il vous plaira, Sir Peter. Je sais que j'ai le droit de faire, en tout, ma volonté. — Et qui plus est, je le veux.

SIR PETER.

Vous le voulez? Où est le respect dû à l'autorité d'un époux?

LADY TEAZLE.

Le respect! — Ho, je n'ignore pas qu'une femme de qualité, si-tôt qu'elle est mariée, peut se livrer sans crainte à tous ses goûts. Pensez-vous que parce que je suis élevée à la campagne, je renoncerai aux prérogatives de mon état? Si vous vous attendiez à la soumission, il falloit m'adopter, & non pas m'épouser. Vous étiez assez vieux pour....

SIR PETER.

Voilà mon tort : voilà mon tort. — Parbleu, Madame, de quel droit dépensez-vous mon bien dans toutes ces extravagances?

(*Il montre sa parure.*)

LADY TEAZLE.

Du droit qu'ont toutes les femmes de mon rang.

SIR PETER.

Je vous le répète, Madame, je ne prétends pas que vous prodiguiez ma fortune à ce luxe ridicule. — On voit autant de fleurs dans votre cabinet de toilette, qu'il en suffiroit pour convertir le *pantheon* en parterre, & une masquarade en fête champêtre.

LADY TEAZLE.

Est-ce ma faute, si je n'ai pas de fleurs en hiver? Prenez-vous-en au climat. — Je voudrois que toute l'année fût un printemps continuel, & que les roses n'acquissent sous mes pas.

SIR PETER.

Si vous aviez été habituée à toutes ces folies, je ne m'en étonnerois pas. — Mais, morbleu, Madame, aviez-vous tous ces chiffons avant notre hymen?

LADY TEAZLE.

Est-il possible, Sir Peter, que vous désaprouviez ces petites dépenses élégantes?

SIR PETER.

Aviez-vous cette élégance, quand vous vous êtes mariée?

LADY TEAZLE.

Vous devriez être bien aise d'avoir une femme qui se distingue par son goût.

SIR PETER.

Ventrebleu, Madame, lorsque vous m'épousâtes, aviez-vous du goût?

LADY TEAZLE.

Quand je vous accordai ma main, on a eu droit d'en douter.

SIR PETER.

Fort bien, Madame, fort bien. — Vous oubliez la situation où je vous trouvai le jour de la première visite.

LADY TEAZLE.

Elle étoit, sans doute, fort désagréable, puisque j'avois pu consentir à vous épouser.

SIR PETER.

A merveille, Madame, à merveille. — Rappellez-vous l'humble état où vous viviez. — Fille d'un pauvre gentilhomme campagnard. — Le jour que je vins chez votre père, vous étiez modestement assise devant votre tambour, vêtue d'une robe de toille, un trousseau de clefs à votre côté, & vos cheveux sans poudre.

LADY TEAZLE.

Ho! je me rappelle de tout cela; — & me souviens aussi que mes occupations journalières étoient l'inspection de la basse-cour & de laiterie; que je faisois des extraits du regître du ménage, & peignois l'épagneule de ma tante Debora.

SIR PETER.

Je suis ravi de voir que vous avez une si bonne mémoire.

LADY TEAZLE.

Ho, ce n'est pas tout: le soir je faisois des desseins de manchettes, que je ne brodois pas, faute de matériaux, je jouois au mariage avec le Vicaire, lisois un sermon à ma tante, ou quelquefois j'endormois mon père au retour de la chasse du renard, en faisant un charivari épouvantable sur une vieille épinette.

SIR PETER.

Vous étiez bien aise alors de faire une promenade sur le vieux cheval de carrosse à courte queue, assise sur un coussin derrière le sommellier.

LADY TEAZLE.

Oh! je vous conteste le sommellier & le cheval de carrosse.

SIR PETER

SIR PETER.

Je vous en défie, Madame : —Voilà cependant l'état brillant où je vous ai trouvée. — Aujourd'hui Mylady doit avoir sa berline, son vis-à-vis, trois grands laquais bien poudrés qui précédent sa chaise, lorsqu'elle va à la Cour, six petits chevaux qui la traînent à Kensinston. — Quelle différence, Madame ! au lieu de végéter dans le fond d'une province, je vous ai conduit à Londres, je vous ai placée à la tête d'une magnifique maison, je vous ai enrichie, je vous ai donné un nom, en un mot, Madame, je vous ai faite ma femme......

LADY TEAZLE.

Et pour rendre mon bonheur complet, il ne me manque que d'être....

SIR PETER.

Ma veuve, n'est-ce pas ?

LADY TEAZLE.

Hem !

SIR PETER.

Fort bien, Madame, fort bien. Je ne vous remercie pas de l'avis.

LADY TEAZLE.

Mais pourquoi me forcez-vous à parler ? mon intention n'étoit pas de vous tenir de propos déplaisans. — Voilà nos leçons du matin achevées ;

vous me permettez, j'espère, d'aller chez Lady Sneerwelt?

SIR PETER.

Lady Sneerwell! — Cette femme vous perd; sa société n'est composée que de gens méprisables; ils font plus de mal par leur médisance, que les faux-monnoyeurs n'en font au public.

LADY TEAZLE.

Ce sont des gens aussi distingués par leur naissance, que par leur attachement à une bonne renommée.

SIR PETER.

Ils y sont tellement attachés, qu'ils n'en accordent à personne, & détruisent celles de leurs voisins comme un bien usurpé sur eux. Vous profitez de leurs leçons, & devenez chaque jour plus médisante.

LADY TEAZLE.

Ah, ciel! Comment pouvez-vous me faire un tel reproche. — Je ne critique jamais dans l'intention de nuire. Si j'en avois le dessein, je m'en acquitterois d'aussi bonne grace qu'un autre.

SIR PETER, *la regardant avec complaisance.*

D'aussi bonne grace! Sans doute vous avez bonne grace....

LADY TEAZL.

Adieu; j'ai promis, & j'y vais de ce pas. — Mais vous vous êtes engagé d'y venir.

SIR PETER.

J'irai un moment pour jetter un coup-d'œil sur ma réputation.

LADY TEAZLE.

Ne tardez pas, où vous courrez risque de ne pas la trouver. *(Elle sort.)*

SIR PETER.

Qu'ai-je gagné par mes réprimandes? — Elle l'emporte toujours! — Quel col! — Avec quelle grace elle se joue de mon autorité! — Puisque je ne puis m'en faire aimer, j'aurai du moins le plaisir de la contrarier; jamais elle n'est plus belle que lorsque je la gronde. *(Il sort.)*

SCÈNE II.

Appartement de LADY SNEERWELL.

LADY SNEERWELL, CRABTREE, SIR BENJAMIN BACKBITE, M. SURFACE, *Madame* CANDOUR, MARIA.

LADY SNEERWELL, *à Sir Benjamin.*

IL faut absolument nous réciter ces vers.

JOSEPH.

Vous ne pouvez vous en défendre.

SIR BENJAMIN.

Je vous jure que cette épigramme ne vaut pas la peine d'être répétée.

CRABTREE.

Mesdames, Mesdames, jamais impromptu n'eut plus de sel.

SIR BENJAMIN.

Puisque vous l'ordonnez, j'obéis ; mais il faut vous expliquer à quel sujet je l'ai composée. — La semaine dernière, un beau matin, Lady Bab Curticle, prenant, non pas l'air, mais la poussière en Hyde-Parck, dans un *phaeton* à douze étages, me demanda des vers sur les ponnies qu'elle conduisoit :

je pris mes tablettes, & composai sur le champ l'épigramme suivante :

« Vit-on jamais de plus beaux *ponnies* : ah! Lady Bab! » quels superbes *macaronis* ! car, en voyant leurs jambes » fluttées & leurs longues queues, chacun dira qu'ils ont » mérité d'être nommés ainsi par Apollon ».

CRABTREE.

Qu'en dites-vous, Mesdames? — Composé *ex tempore* dans l'espace d'un coup de fouet : remarquez que l'auteur étoit à cheval.

JOSEPH, *ironiquement.*

Sur *Pégase*, M. Crabtree?

Madame CANDOUR.

C'est *Phœbus*. — Ho, je veux en avoir une copie sur-le-champ..... Mais voici Lady Teazle.

SCENE III.

Les précédens, LADY TEAZLE.

LADY SNEERWELL, *l'embrasse.*

QUOI! ma bonne amie! sans Sir Peter....

LADY TEAZLE.

Il va être ici tout-à-l'heure.

CRABTREE.

Qu'il ne se presse pas.

LADY SNEERWELL, *à MARIA, pendant que le reste de la compagnie se salue, & cause.*

Vous êtes bien sérieuse, ma chère Miss : je veux, pour distraire cette mélancolie, vous arranger un piquet avec M. Surface.

MARIA.

Vous savez, Madame, que je n'aime pas le jeu. — Cependant, si je vous suis nécessaire, je ferai tout ce qu'il vous plaira.

LADY TEAZLE, *affectant un sourire.*

Je suis étonnée qu'après le compliment de Maria, Monsieur veuille jouer avec elle. (*à part.*) Je croyois qu'il auroit profité, pour m'entretenir, du moment où mon mari n'y est pas.

Madame CANDOUR, *à part.*

Ho ! je renonce à cette société.

LADY TEAZLE.

Qu'avez-vous, Madame ? vous paroissez avoir de l'humeur.

Madame CANDOUR

Il n'y a plus moyen d'y tenir ; ils contrarient tout le monde. Jugez, Madame ! ils me soutiennent que notre amie, Miss Vermillon, est fort laide.

LADY TEAZLE.

Elle est charmante....

Madame CANDOUR.

Elle est fraîche comme une rose....

LADY TEAZLE.

Sur-tout lorsqu'elle sort de sa toilette....

Madame CANDOUR.

Comment? Mais j'ai vu son teint s'animer.

LADY TEAZLE.

Vous l'avez vue pâle le matin, & rouge le soir.

SIR BENJAMIN.

Graçes à son parfumeur, elle est aussi fraîche que sa sœur Mistriss Evergreen....

CRABTREE.

Qui a cinquante-trois ans.

Madame CANDOUR.

Elle en a soixante-cinq, mais supporte parfaitement bien son âge.

SIR BENJAMIN.

Pour en juger, il faudroit voir son visage.

LADY SNEERWELL.

J'approuve les peines que se donne Mistriss Evergreen pour réparer les ravages du temps, & blâme singulièrement la négligence de la veuve Oaker, qui blanchit très-mal ses rides.

SIR BENJAMIN.

Elle réussit assez bien pour le visage, mais elle néglige trop le col. Un connoisseur s'apperçoit tout de suite qu'elle ressemble à une statue mutilée, dont on a vainement cherché à réparer les dommages : la tête est moderne, & le tronc est antique.

CRABTREE.

Vous ne disputerez pas à Miss Simper, son amie, les plus belles dents du monde.....

LADY TEAZLE.

Qui pour mieux les montrer, ouvre toujours la bouche comme cela. (*Elle fait une grimace & montre ses dents. On rit.*) Quoique ce ne soit pas une grimace avantageuse, je l'aime encore mieux que celle de Madame Prim, qui, pour cacher ses dents ébréchées, ouvre la bouche en tirelire & laisse glisser ses paroles obliquement. (*Elle la contrefait.*) *Comment vous portez-vous, Madame? — Oui, Myladi.*

LADY SNEERWELL, *rit.* (*On rit.*)

A merveille. — Vous êtes cependant trop mordante.....

LADY TEAZLE.

N'est-il pas juste, que je défende mon amie. — Ah! voici mon cher époux; il vient bien mal à-propos.

SCENE IV.

Les précédens, SIR PETER.

(*Il salue la compagnie.*)

VOTRE très-humble serviteur Lady Sneerwell, (*à part.*) Toute la congrégation : quel beau champ pour la médisance !

Madame CANDOUR.

En vérité, Messieurs, vous n'épargnez personne, puisque vous disputez même un bon naturel à notre amie, Mistriss Pursey....

CRABTREE.

La vieille & grasse douarière que nous vîmes hier au soir chez Mistriss Quadrill ?

Madame CANDOUR.

Sa rotondité fait donc son crime ? Vous devriez avoir un peu plus d'indulgence, après toutes les peines qu'elle se donne pour maigrir.

LADY TEAZLE.

Elle ne vit que d'acides & de petit lait, & lace son corps avec des crochets ; rien de plus plaisant que de la voir, au plus chaud de l'été, trotter sur un petit cheval autour du cercle en Hyde-Parck, suant à grosses goutes, & ayant ses cheveux nattés & relevés comme un tambour.

SIR PETER, *à part.*

Elle traite joliment une proche parente, chez qui elle dîne trois fois la semaine!

Madame CANDOUR.

Menagez la pauvre douairière, par égards pour sa prétention de coquetterie à trente-six ans.

LADY SNEERWELL.

Sans doute : & convenez que malgré son épaisseur, elle est toujours fort belle. On peut excuser le défaut de sa vue par son desir immoderé de lire à la lumière.

Madame CANDOUR.

Il y a même de quoi s'étonner, que n'ayant reçu aucune éducation, elle ait aussi bonne grace. Personne n'ignore qu'elle est la fille d'une marchande de modes Galloise, & que son père étoit confiseur à Bristol.

SIR BENJAMIN.

Vous gardez joliment le secret de vos amies, Mesdames.

Madame CANDOUR.

Je n'ai pas le défaut d'encourager leurs ridicules, pas même ceux de ma cousine Ogle, à qui vous connoissez de grandes prétentions à la beauté.....

CRABTREE.

Ce n'est pas à celle de sa figure, j'espère? — La

collection de ses traits semble faite aux dépends de tout le globe.

SIR BENJAMIN.

Elle a le front Irlandois.....

CRABTREE.

Les cheveux Ecossois.....

SIR BENJAMIN.

Le nez Hollandois.....

CRABTREE.

La lèvre Autrichienne.....

SIR BENJAMIN.

Le teint. Espagnol......

CRABTREE.

Les dents Chinoises.....

SIR BENJAMIN.

En un mot, son visage ressemble à une table d'hôte de Spa, où il ne se trouve pas-deux personnes d'une même nation.....

CRABTREE.

Ou plutôt à un congrès à la fin de la guerre : chaque membre y paroît occupé de l'intérêt général, mais chacun y agit suivant ses ordres particuliers : le nez & le menton semblent seuls disposés à se lier ensemble.

SIR BENJAMIN.

Ha ! ha ! ha ! ha ! bravo ! bravo !

LADY SNEERWELL.

Ha ! ha ! ha ! ha ! vous êtes tous les deux admirables.

Madame CANDOUR.

Vos plaisanteries sont par trop offensantes, je ne souffrirai pas, Messieurs.....

SIR PETER.

De grace, Madame, n'entreprenez pas la défense de mon amie particulière, vous acheveriez l'ouvrage de ces Messieurs..

LADY SNEERWELL.

A merveille, Sir Peter ! mais vous êtes aussi par trop sevère : avec de l'esprit, vous blâmez celui d'autrui.

SIR PETER.

Ignorez-vous, Madame, que le bon esprit est celui de l'indulgence.

LADY TEAZLE.

Mon mari déteste si fort la médisance, qu'il voudroit la faire défendre par acte du Parlement.

SIR PETER.

Morbleu ! Madame, si le gouvernement en connoissoit tout le danger, il s'en occuperoit autant que des braconniers. La conservation du gibier n'est pas aussi essentielle que celle de la réputation.

LADY SNEERWELL.

Ah ciel ! vous voudriez donc qu'on nous privât de nos droits ?

SIR PETER.

Quels droits ! Madame ? — Celui des *vieilles filles*, ou des *veuves trompées dans leur attente ?*

LADY SNEERWELL, *à part*.

Cette dernière épigramme me regarde.

Madame CANDOUR.

Vous auriez du l'indulgence pour celles qui ne parlent que d'après les autres.....

SIR PETER.

Elles sont tout aussi coupables : & je voudrois que la loi les condamnât à une punition exemplaire. — Vous seriez alors plus circonspectes.

CRABTREE.

Une histoire scandaleuse a toujours quelque fondement.

SIR PETER.

La plûpart ne doivent leur origine qu'à l'envie, à l'intérêt personnel, ou à une honteuse oisiveté.....

LADY SNEERWELL.

Finissons ces disputes & passons dans l'autre pièce, les tables de jeu y sont préparées, il est temps de commencer les parties.

(*Un Laquais parle bas à Sir Peter.*)

SIR PETER, *au Laquais.*

Je vous suis. (*Il fait quelques pas.*)

LADY SNEERWELL.

Sir Peter, Sir Peter !

SIR PETER.

Des affaires m'obligent de vous quitter, Madame ; — mais je vous laisse ma réputation.

SIR BENJAMIN.

Convenez, Lady Teazle, que votre *Seigneur & maître* est un homme bien singulier. S'il n'étoit pas votre mari, je vous en raconterois des histoires qui vous feroient bien rire.

LADY TEAZLE, *en s'en allant.*

Dites, dites.

(*Toute la compagnie se retire.*)

SCENE V.

JOSEPH SURFACE, MARIA.

JOSEPH.

Vous ne paroissez guères vous amuser, Mademoiselle.

MARIA.

Peut-on l'être dans la société de telles gens ! Si c'est une preuve d'esprit que de s'amuser du récit des malheurs ou des infirmités des autres, le Ciel me préserve d'en avoir à ce prix !

JOSEPH.

Leur cœur n'est pas d'accord avec leur discours.

MARIA.

Ils en sont plus coupables. Il n'y a qu'une dépravation du cœur qui puisse faire contracter cette méprisable habitude.

JOSEPH.

Tant de pitié pour autrui, & tant de cruauté pour moi ! Dédaignerez-vous toujours les vœux de l'amant le plus tendre ?

MARIA.

Vous connoissez mes sentimens, Monsieur.

JOSEPH.

Vous me traiteriez avec plus de bonté, si l'infâme Charles n'avoit pas le bonheur de vous plaire.

MARIA.

Quelques soient mes sentimens pour lui, je ne me croirai jamais forcée de l'oublier, parce que ses infortunes lui font perdre la considération de son propre frère. *(Elle fait quelques pas.)*

JOSEPH.

Arrêtez ! De grace, ne me quittez pas avec courroux ! Je vous jure par tout ce qu'il y a de plus sacré.... *(Il se jette aux genoux de Maria ; au même instant Lady Teazle entre sans être apperçue de cette dernière.)* Ah ! Lady Teazle ! Non, non, vous ne sortirez pas. *(à Maria.)* — J'ai le plus grand respect pour Lady Teazle. — Si jamais Sir Peter avoit un tel soupçon.....

MARIA, *étonnée.*

Lady Teazle ! je ne vous comprends pas.

LADY TEAZLE, *approchant.*

Que veut-il dire ?

JOSEPH.

Maria.....

LADY TEAZLE, *à Maria.*

Allez, mon enfant, Lady Sneerwell vous attend. *(Maria sort.)* Quel étoit votre dessein, Monsieur, lorsque vous avez prononcé mon nom aux pieds de Maria ?

JOSEPH.

JOSEPH, *fort embarrassé.*

Il faut savoir, Madame, que Maria..... soupçonnoit..... ma grande estime pour vous.... Elle.... elle.... me menaçoit d'en parler à Sir Peter..... si je ne renonçois pas..... Et moi..... moi.... je raisonnois avec elle à ce sujet.....

LADY TEAZLE.

Cette manière de raisonnner me paroît persuasive. — Dites-moi, je vous prie; raisonnez-vous ordinairement à genoux?

JOSEPH.

Comme c'est un enfant, j'ai pensé qu'un peu d'emphase l'engageroit plus aisément au silence. — Mais vous oubliez, ma chère Lady Teazle, de venir me donner votre avis sur ma nouvelle bibliothèque.

LADY TEAZLE.

Je crains qu'on n'interprête désavantageusement cette démarche. — D'ailleurs, vous savez que je ne reçois vos hommages qu'autant que la bienséance le permet.

JOSEPH.

Elle permet aux dames un *cicisbeo* platonique....

LADY TEAZLE.

C'est à ce titre que vous êtes le mien. — Quoique mon mari devienne chaque jour plus insuportable, cela ne m'engagera jamais....

JOSEPH.

A la vengeance qu'il mérite.

LADY TEAZLE.

Taisez-vous. — Rentrons, une plus longue absence pourroit être remarquée.

JOSEPH.

Je vous suis dans l'instant.....

LADY TEAZLE.

N'espérez pas, du moins, que Maria revienne écouter la fin de vos raisonnemens. (*Elle sort.*)

JOSEPH.

Me voilà dans un bel embarras..... Je fais des progrès auprès de Lady Teazle, & me vois menacé de perdre la riche héritière..... Cependant, je ne me suis attaché à l'une, que pour obtenir la main de l'autre..... Mes projets ne s'arrangent pas suivant mes desirs..... Le soin de ma réputation m'oblige à user de tant de détours, qu'à la fin ils me trahiront..... Mais ne perdons pas courage; je me suis trop avancé dans la carrière de l'artifice, pour retourner sur mes pas.

(*Il sort.*)

SCENE VI.

Maison de SIR PETER.

SIR OLIVER, SURFACE, ROWLEY.

SIR OLIVER.

IL ne tardera pas à venir, dites-vous?

ROWLEY.

Il est averti que vous êtes ici.

SIR OLIVER.

Hé bien, Rowley! mon ancien ami s'est donc marié; il a épousé une demoiselle campagnarde? Ha, ha, ha; c'étoit bien la peine de critiquer les vieux garçons, pour tomber soi-même dans le piége matrimonial? Hé, Rowley, Ha, ha, ha, ha.

ROWLEY.

De grace, Sir Olver, n'allez pas le railler; quoique marié depuis sept mois, il n'aime pas qu'on l'en plaisante.

SIR OLIVER.

Sept mois! Il y en a donc six qu'il est sur la sellette : pauvre Sir Peter! — Ne m'avez-vous pas dit qu'il avoit tout-à-fait abandonné Charles?

ROWLEY.

Oui, & sa grande prévention contre votre malheureux neveu, provient en partie des soupçons qu'on lui inspire contre lui. L'artificieuse Lady Sneerwell, & sa méprisable société, inventent mille mensonges, pour favoriser Joseph auprès de Maria aux dépens de son frère : elle assure pourtant qu'il existe une intimité criminelle entre Lady Teazle & votre neveu; & voulez-vous savoir la cause de tous ces faux bruits? Lady Teazle aime Joseph & déteste son frère.

SIR OLIVER.

Les propos envenimés de ces vipères, ne me préviendront pas contre mon neveu.

ROWLEY.

Je suis ravi de voir que le fils de mon ancien maître conserve encore un ami dans le monde.

SIR OLIVER.

Je vous promets, Rowley, que si Charles ne s'est rendu coupable ni de bassesses, ni d'actions méprisables, je saurai composer avec ses folies. N'ai-je pas connu la légèreté de cet âge! Feu mon frère & moi étions-nous autrefois plus prudens que lui? Cependant, il est rare de trouver un plus honnête homme que le fut votre ancien maître dans un âge plus mur.

ROWLEY.

Ah, Monsieur! c'est cet exemple qui entretient mon espoir. Je gagerois, sur ma vie, que Charles se rendra digne de vos bontés. Mais, voici Sir Peter,

SCENE VII.

SIR OLIVER, ROWLEY, SIR PETER.

SIR PETER, *de loin.*

Ou est-il ? — Où est mon ancien ami, Sir Oliver? (*Ils courrent au-devant de l'un l'autre & s'embrassent.*) — Je suis ravi de vous voir ! Soyez le bien venu en Angleterre :.... le bien venu dans ma maison.... Mille & mille fois le bien venu dans mon cœur....

SIR OLIVER, *essuyant ses larmes.*

Mon cher....; mon digne ami.... ; je ne puis parler..... (*Après un moment de silence.*) Je vous félicite de votre bonne mine.

SIR PETER.

Ah ! Sir Oliver !.... Il y a seize ans que vous êtes parti. — Rappellez-vous combien de fois nous nous sommes réjouis ensemble.

SIR OLIVER.

Nous avons eu notre tour, mon cher ami. — Vous voilà donc marié? Hé, mon vieux garçon ? — Fort bien ! fort bien ! — Puisque le mal est sans remede, je vous fais mon compliment de tout mon cœur.

SIR PETER, *d'un ton embarrassé.*

Je vous remercie. — Ho ! oui, je vous remercie. — J'ai enfin embrassé cet heureux état. . . . . J'ai. . . . . mais nous en parlerons dans un autre moment.

SIR OLIVER.

Sans doute, sans doute ; d'anciens amis oublient leurs peines à une première entrevue, &....

ROWLEY, *bas à Sir Oliver.*

Prenez garde, vous l'affligerez.

SIR OLIVER.

Hé bien, mon ami ! J'apprends qu'un de mes neveux est un peu étourdi.

SIR PETER.

Hélas ! Sir Oliver, j'en suis véritablement fâché pour vous. Mais les qualités de l'aîné vous en dédommagent. Il est généralement estimé, tout le monde en parle avec éloge.

SIR OLIVER.

Tant pis, morbleu ; l'estime génerale annonce en lui fort peu de mérite ; car, pour l'obtenir, il faut qu'il ait bassement courtisé le fripon & l'homme de bien.

SIR PETER.

Y songez-vous ? comment, vous vous fâché de ce que votre neveu n'a point d'ennemis ?

SIR OLIVER.

S'il a vraiment du mérite il ne peut être sans ennemis.

SIR PETER.

Vous changerez de langage lorsque vous l'aurez vu. Ah ! mon ami ! c'est le modèle des jeunes gens. Sa philosophie.....

SIR OLIVER.

Au diable sa philosophie ! S'il me salue par une phrase morale, il m'éloigne à jamais. — Mais ne croyez pas que je veuille excuser, pour cela, les erreurs de son frère ; avant de rien décider, mon dessein est de les éprouver.....

SIR PETER.

Je réponds du cœur de Joseph....

SIR OLIVER.

Je ne réponds de rien. — Notre ami Rowley, sécondera mon projet ; j'ai lieu d'en attendre le plus grand succès. Donnez-nous une bouteille de votre bon vin, & tout en buvant à la santé de Lady Teazle, nous vous l'expliquerons.

SIR PETER.

Je le veux bien, mon ami.

SIR OLIVER.

Allons, allons, Sir Peter ! — Un peu d'indulgence pour le fils de votre ancien ami. — Je ne suis pas fâché que ce jeune égrillard se soit un peu écarté de la route ordinaire ; je n'aime pas à voir la prudence s'attacher de trop bonne heure aux tendres branches de la jeunesse : comme le lierre, elle empêche l'arbre de croître.

Fin du second Acte.

ACTE III.

SCENE PREMIERE.

SIR PETER, SIR OLIVER, ROWLEY.

SIR PETER.

JE veux bien voir cet homme tout de suite, & finir après notre bouteille. Mais je ne conçois rien au projet de Sir Oliver.

ROWLEY.

Le voici : Sir Oliver se présentera chez ses neveux sous le nom de M. Stanley. Ce Stanley étoit un grand Négociant à Dublin, proche parent de leur mère : il eut le malheur de faillir, & de se trouver dans une situation très-fâcheuse ; j'ai prévenu les deux frères qu'il avoit obtenu la permission de ses créanciers, de solliciter lui-même les secours de ses amis ; lorsque le pauvre Stanley fit part de son infortune à vos neveux ; Joseph lui écrivit une lettre remplie de belles promesses ; mais Charles oubliant ses propres malheurs, fit sur le champ des démarches pour trouver de l'argent, dont une bonne partie est destinée à son pauvre parent.

SIR OLIVER, *avec transport.*

Ah, mon ami ! je reconnois bien là le digne fils de mon frère.

ROWLEY.

Oui, Monsieur, à travers la dissipation & les erreurs de la jeunesse, vous trouverez toujours dans Charles, ce que dit l'immortel Pope : *Une larme de pitié pour les malheureux, & une main ouverte comme le jour, pour la tendre charité.*

SIR PETER.

Le grand mérite d'être charitable, lorsqu'on n'a rien à donner : mais voyons la personne dont vous m'avez parlé.

ROWLEY.

Elle attend vos ordres pour entrer ; — c'est un honnête Juif, qui a fait l'impossible, Sir Oliver, pour aider votre neveu.

SIR OLIVER.

Voyons cet honnête homme.

ROWLEY.

Holà quelqu'un. — (*Un laquais entre.*) Priez M. Moses d'entrer. (*Le laquais sort.*)

SIR PETER.

Mais, qui nous assure qu'il dira la vérité ?

ROWLEY.

Son intérêt. Il sait que Sir Oliver est à Londres ;

je lui ai fait entrevoir qu'il n'a d'autre espoir d'être remboursé des différentes sommes qu'il a prêtées à Charles, qu'en instruisant son oncle de la vérité. Voici cet honnête Israélite.

SCENE II.

Les Acteurs précédens, MOSES.

ROWLEY, *gravement*.

SIR Oliver, voici M. Moses.

SIR OLIVER.

J'apprends, M. Moses, que vous avez rendu de grands services à mon neveu Charles.

MOSES.

Hélas! Monsieur, il étoit déja ruiné, lorsqu'il m'a employé.

SIR OLIVER.

Tant pis, M. Moses; il vous eût fourni une occasion de déployer vos grands talens.

MOSES.

Je n'ai eu le plaisir de connoître ses malheurs, que lorsqu'il étoit endetté de plusieurs milliers de guinées au-delà de ce qu'il possédoit.

SIR OLIVER.

J'en suis fâché pour vous. — Je pense que cet

inconvénient ne vous a pas empêché de l'aider de votre crédit.

MOSES.

Votre neveu pourra vous en instruire : je vais encore ce soir chez lui avec un gentilhomme de la cité, qu'il ne connois pas, & qui lui prêtera de l'argent.

SIR PETRR.

Il est étonnant qu'un homme qui ne lui prêta jamais, lui rende ce service en ce moment.

MOSES.

C'est par mon entremise.

SIR OLIVER.

Comment nommez-vous cet homme confiant ?

MOSES.

M. Premium de Crotchet Friars, autrefois Agent de Change.

SIR PETER.

Charles le connoît-il ?

MOSES.

Non.

SIR PETER.

Il me vient une plaisante idée ? — Ne vaudroit-il pas mieux, Sir Oliver, vous présenter chez Charles sous le nom de ce M. Premium, que sous celui de Stanley ; vous aurez, par-là une occasion, de le voir dans toute sa gloire.

SIR OLIVER.

Cette idée me plaît : je garderai le nom du vieux Stanley, pour mon neveu Joseph.

ROWLEY.

Vous allez prendre le pauvre Charles sur le fait; il. . . . .

SIR OLIVER.

Non, non, non; je veux le voir, dans toute sa gloire; ne me trahissez pas, Moses.

MOSES.

Comptez sur ma discrétion. — Voici bientôt l'heure du rendez-vous.

SIR OLIVER.

Je suis prêt à vous suivre. — Attendez : — J'oubliois l'essentiel. — Comment me ferai-je passer pour Juif?

MOSES.

Ho, le prêteur est Chrétien.

SIR OLIVER.

Tant pis. — Autre inconvénient ; ne suis-je pas trop bien vêtu pour un usurier ?

SIR PETER.

Point du tout; si vous vous y rendiez, même dans votre voiture, cela n'en seroit que mieux : — N'est-ce pas Moses ?

MOSES.

C'est l'usage d'aprésent.

SIR OLIVER.

Mais n'y a-t-il pas un jargon particulier pour l'usure ?

SIR PETER.

L'essentiel, je pense, est de faire des propositions exhorbitantes.

MOSES.

Voilà le grand point.

SIR OLIVER.

Huit ou dix pour cent, par exemple.

MOSES.

Ho, Monsieur, vous seriez découvert sur le champ.

SIR OLIVER.

Quel intérêt faudra-t-il donc lui demander ?

MOSES.

Cela dépend des circonstances. — S'il en paroît par trop pressé, ne demandez que quarante ou cinquante pour cent ; mais si les besoins sont urgents, exigez le double.

SIR PETER.

Il me paroît, mon ami, qu'on vous apprend là un très-bon commerce.

SIR OLIVER.

Je m'en apperçois comme vous.

MOSES.

Sur-tout, n'oubliez pas de dire que vous empruntez cet argent d'un ami.

SIR OLIVER.

Que j'emprunte pour lui d'un ami: — N'est-ce pas?

MOSES.

Oui; & que cet ami, pour vous obliger, est forcé de vendre des actions à grande perte.

SIR OLIVER.

Voilà ce qui s'appelle un ami obligeant.

SIR PETER.

Ne croyez-vous pas, Moses, que Sir Oliver plaisantant un peu Charles sur la rente viagère qu'il accorde pour cet emprunt, fera un bon effet?

MOSES.

Un effet admirable.

SIR PETER.

Il sera bon qu'il plaigne le sort des jeunes gens, qu'on empêche de se ruiner avant l'âge de raison.

MOSES.

Quel dommage pour nous!

SIR PETER.

Il faut condamner aussi cet acte qui protège l'inexpérience contre l'usure, & procure à un héritier les moyens de jouir tranquillement de son bien à sa majorité.

SIR OLIVER.

Enfin, Moses achèvera de m'instruire chemin faisant.

SIR PETER.

Il n'en aura guères le temps, Charles est mon voisin.

SIR OLIVER.

Moses est trop habile pour ne pas me rendre un fripon accompli, avant d'avoir tourné le coin de la rue. (*Sir Oliver & Moses sortent.*)

SIR PETER.

Convenez Rowley, que vous aviez grande envie d'instruire votre favori du dessein de son oncle.

ROWLEY.

Je vous proteste que non, Sir Peter.

SIR PETER.

Je l'ai soupçonné. Ah ! voici Maria : il faut que je l'entretienne en particulier.

SCENE

SCENE III.

SIR PETER, MARIA.

SIR PETER.

HE ! quoi, Maria ! M. Surface n'est pas avec vous?

MARIA.

Il étoit engagé au jeu.

SIR PETER.

Je suis fâché que ses bonnes qualités ne vous touchent pas. On lui découvre chaque jour un nouveau mérite.

MARIA.

Je vous le répète, Monsieur : je préférerai tout le monde à lui.

SIR PETER.

La source de cet aveuglement, c'est votre partialité pour son méprisable frère.

MARIA.

Depuis que vous l'avez jugé indigne de ma main, j'ai rompu tout-à-fait avec lui. Mais ma raison condamne ses défauts, mon cœur prend pitié de ses malheurs.

SIR PETER.

Ah ! Maria, votre cœur vous abuse : abjurez cette vaine pitié, & occupez-vous d'un plus digne objet.

MARIA.

Je ne m'occuperai jamais de son frère....

SIR PETER.

Prenez garde Miss; ne me forcez pas de mettre en usage l'autorité d'un tuteur.

MARIA.

Je vous obéirai en toute occasion, Monsieur, comme à un père; mais quand vous abuserez de votre autorité, pour me rendre malheureuse, vous me forcerez à manquer de soumission à votre égard.

(*Elle sort en pleurant.*)

SIR PETER.

Y eut-il jamais d'homme plus vexé que je le suis? Après mon mariage, son père meurt, & je gagerois qu'il décéda tout exprès pour me contrarier, & me laisser la tutelle de sa fille. — Mais voici ma docile moitié. — Je voudrois qu'une petite querelle pût nous reconcilier.

SCENE IV.

SIR PETER, LADY TEAZLE.

LADY TEAZLE.

QU'AVEZ-VOUS, Sir Peter? — Pourquoi grondez-vous Maria, lorsque je n'y suis pas?

SIR PETER.

Elle m'a donné de l'humeur, mais vous avez le pouvoir de m'appaiser.

LADY TEAZLE.

J'en suis ravie, j'ai grand besoin de vous voir de bonne humeur. — Voyons, mon cher ami; commencez par l'être, & donnez-moi deux cens guinées.

SIR PETER.

Je ne puis donc pas avoir une mine riante, à moins de la payer? (*Il tire sa bourse.*) Soyez toujours aussi aimable, & vous obtiendrez tout de moi.

LADY TAZLE.

(*Elle lui donne sa main à baiser.*)

Voici mon billet.

SIR PETER, *en riant.*

Il faut s'en contenter. — Je vous surprendrai bientôt agréablement: vous ne me reprocherez plus d'avoir négligé votre douaire.

LADY TEAZLE.

Grand-merci, mon bon ami; — Vous ne concevez combien cet air riant vous rend agréable..... C'est ainsi que vous étiez avant notre mariage.

SIR PETER.

Je suis enchanté que mon air riant vous plaise.

LADY TEAZLE.

Vous aviez le visage gracieux, lorsque nous nous promenions sous les tilleuls; vous m'y entreteniez des aventures de votre jeunesse, & me disiez quel galant vous aviez été auprès des dames. Vous rappellez-vous que vous me demandiez si je pourrois aimer un homme âgé qui préviendroit tous mes goûts?

SIR PETER.

Vous étiez alors attentive & obligeante.

LADY TEAZLE.

Hé mais, vous n'étiez pas encore mon époux. J'eus soin de vous défendre quand ma cousine Sophie me blâmoit d'épouser un homme aussi vieux que mon père, & prédisois alors que vous seriez un mari attentif.

SIR PETER.

Vous ne vous êtes pas trompée, n'est-ce pas? — Ah, Lady Teazle! Vivons toujours aussi bien ensemble que nous paroissons l'être en ce moment?

LADY TEAZLE.

Je le veux bien. — Je renoncerais volontiers à nos disputes.... & ne les recommencerai.... que lorsque vous conviendrez.... que vous êtes ennuyé de ce repos.

SIR PETER.

De tout mon cœur.

LADY TEAZLE.

Nos jours s'écouleront dans une paix continuelle.... & jamais.... nous ne nous contrarirons le moins du monde.

SIR PETER.

Jamais. Nous nous disputerons seulement le plaisir de nous surpasser en complaisance l'une pour l'autre.

LADY TEAZLE.

J'y consens.

SIR PETER.

Ecoutez, ma chère Lady Teazle...., mon cœur...., ménagez un peu votre vivacité..... Vous savez, ma chère, que dans toutes nos querelles.... vous avez toujours commencé.....

LADY TEAZLE.

Non, mon bon ami, c'est vous qui ne cédez jamais.

SIR PETER.

Non, non, c'est vous que....

LADY TEAZLE.

Prenez garde, Sir Peter....

SIR PETER.

Pourquoi commencez-vous?

LADY TEAZLE.

C'est vous qui vous emportez.

SIR PETER.

Ventrebleu, Madame, prenez-vous-en à votre obstination.....

LADY TEAZLE.

Vit-on jamais un tel homme! Ma cousine Sophie avoit bien raison....

SIR PETER.

Votre cousine Sophie est une sotte....

LADY TEAZLE.

Ménagez ma famille, Monsieur....

SIR PETER.

Elle n'est composée que de gens aussi entêtés que vous. Il falloit que j'eusse perdu l'esprit, pour m'allier avec eux.

LADY TEAZLE.

Vous fûtes trop heureux.....

SIR PETER.

Qu'appellez-vous, Madame, trop heureux? Le

grand bonheur d'avoir donné ma main & mon nom à une coquette dont....

LADY TEAZLE.

Ne me forcez pas de parler, Sir Peter....

SIR PETER.

Parlez, Madame; parlez: que pouvez-vous dire ?

LADY TEAZLE.

Si vous aviez pu trouver une femme, vous ne vous seriez pas marié si tard....

SIR PETER.

Morbleu, Madame, j'eus tort d'attendre, & d'épouser une femme comme vous....; que le ciel me confonde, si j'ai la foiblesse de vous pardonner ce dernier trait. Vous aurez une provision séparée.

LADY TEAZLE.

Tant mieux.

SIR PETER.

Fort bien, Madame, — Vous êtes une ingrate. — Je suis autorisé maintenant à croire les histoires qu'on débite sur votre intimité avec Charles.... Oui, Madame, autorisé, & je suis convaincu qu'elles sont fondées.

LADY TEAZLE.

Prenez garde, Monsieur, — je ne veux pas être soupçonnée — sans raison.

SIR PETER.

Ho, je plaiderai en divorce.

LADY TEAZLE.

Soit. . . . .

SIR PETER.

Et donnerai l'exemple à tous les vieux garçons.

LADY TEAZLE.

Bientôt vous vous fâcherez tout de bon. Adieu; quand vous serez calmé, je reviendrai pour être de nouveau le couple le plus heureux de l'Angleterre.

(Elle sort en chantant.)

SIR PETER.

Je ne parviendrai donc jamais à la fâcher. — Ho, je veux la suivre....., elle peut me désespérer, me faire mourir de chagrin; mais, morbleu! j'aurais auparavant le plaisir de la mettre en colère.

(Il sort.)

SCENE V.

Maison de CHARLES.

TRIP, SIR OLIVER, MOSES,

TRIP.

De ce côté-ci, Messieurs ; comment se nomme votre compagnon Moses ?

MOSES.

M. Premium.

TRIP.

M. Premium ? Fort bien. (*Il sort.*)

SIR OLIVER

Ce drôle n'a pas l'air de servir un homme ruiné. — Mais ne suis-je pas dans la maison de mon frère ?

MOSES.

Justement. Monsieur Charles l'acheta toute meublée de M. Joseph, au grand mécontentement de Sir Peter.

SIR OLIVER.

L'économie de l'ainé est très-répréhensible.

TRIP, *revient.*

Mon maître ne peut vous parler en ce moment, il est en compagnie.

SIR OLIVER.

Sait-il qui le demande ?

TRIP.

Oui : & n'ai pas oublié d'annoncer le petit Premium.

SIR OLIVER.

Grand-merci, M. Trip : êtes-vous bien ici?

TRIP.

Pas mal. Nous sommes quatre, & passons assez bien notre temps. Nos gages, à dire vrai, sont assez médiocres ; —— Nous n'avons que cinquante guinées par an, sur lesquelles nous payons nos bouquets & nos bourses.

SIR OLIVER, *à part.*

Quel faquin.

TRIP, *à Moses.*

M'avez-vous fait escompter le petit billet que je vous ai donné l'autre jour ?

MOSES, *lui rend un billet.*

Cela ne vaut rien.

TRIP.

Comment ! Je croyois que le nom de mon camarade Brush étoit de l'or-en-barre ?

MOSES.

Vous vous êtes trompé.

TRIP.

Nous réussirons peut-être mieux en empruntant cette somme à rente viagère ?

SIR OLIVER, *à part.*

Quel propos! voilà l'effet du luxe & de l'exemple!

MOSES.

Il faut, avant tout, assurer votre place.

SIR OLIVER, *à part.*

Dites plutôt son col.

TRIP.

Je serois bien aise de terminer cette affaire avant que la maudite régie ait lieu. On ne se soucie guère de rendre son nom public.

MOSES.

Sans doute. — Donnez-moi d'autres suretés, & nous finirons bientôt.

TRIP.

Je ne puis, pour le présent, vous en donner que sur les habits de mon maître. — J'aurai, au premier jour, la réforme de ses vieux habits de printemps. — Je puis vous donner encore une hipothèque sur sa garde-robe d'hiver, sous la réserve de droit d'en disposer avant Noël. — Ou si vous l'aimez mieux, un *post obit* sur son habit de gala d'étoffe d'or, avec une douzaine de manchettes de point...., *On sonne :* passez, Messieurs, dans cette pièce, je parviendrois peut-être à vous introduire. — N'oubliez pas, Moses, la rente viagère. — Ho, je cautionnerai ma place, si vous l'exigez.

SIR OLIVER.

Si le maître ressemble au valet, assurément c'est ici le temple du désordre.

SCENE VI.

Le Théatre s'ouvre. On découvre CHARLES, SIR TOBY BUMPER, CARELESS, *& plusieurs autres assis à une table couverte de bouteilles & des verres.*

CHARLES.

VOUS avez bien raison, mes amis. La dépravation des mœurs en Angleterre est surprénante : plusieurs personnes, dont l'esprit, le courage & le génie même sont connus, adoptent tous les nouveaux usages, & semblent avoir honte de boire.

CARELESS.

Ils encouragent le luxe de la table, & négligent la bouteille.

CHARLES.

La société en souffre. — Privez de cette joie naïve que le vin inspire, leurs repas sont aussi insipides que l'eau de Spa : elle a le petillant du Champagne, sans en avoir le piquant ni les vertus.

SIR TOBY.

Chacun a son goût. Celui de Careless & de ces Messieurs pour le jeu, l'emporte sur un bon verre de vin de Bourgogne.

CHARLES.

Je ne crois pas cela. Lorsque la fortune me maltraite après un bon repas, je ne sens pas ma perte, & défie le malheur.

SIR TOBY.

L'amour, comme la vérité, se montre dans le vin.

CARELESS.

A propos, Charles! nous n'avons pas encore bu à la santé de votre favorite.

CHARLES.

C'est par égard pour vos têtes que je ne l'ai pas proposé. (*Il soupire.*)

CARELESS.

Allons, allons, soyez moins circonspect: nommez-là.

CHARLES.

Maria.

CARELESS.

Maria: & son nom de famille?

CHARLES.

Permettez moi de vous le taire....

SIR TOBY.

Il a raison : buvons à la santé de Maria. (*Toute la compagnie se lève & boit de bout.*)

CHARLES, *à Sir Toby.*

A présent, à votre tour. — Donnez-nous la santé d'une beauté supérieure à Maria.

SIR TOBY.

Mais..... celle de.....

CARELESS.

Il hésite ; pour le punir, il nous chantera une chanson pour boire.

(*Tous s'écrient* : La chanson, la chanson. *Sir Toby chante, & à la fin de chaque couplet on boit. Trip vient parler bas à Charles. Ce dernier se lève.*)

CARELESS.

Où allez-vous ?

CHARLES.

Une affaire importante m'oblige à vous quitter un moment : je vous cède en attendant ma place de Président.

CARELESS.

Je parie que quelque belle a besoin de vous....

CHARLÉS.

Vous vous trompez, je vous jure. J'ai donné rendez-vous à un Juif & un Agent.

CARELESS.

Recevez vos *amis* ici.

CHARLES.

Je le veux bien. — Faites entrer ces Messieurs.

CARELESS.

Parbleu, Charles, il faut régaler *l'usure* d'un bon verre de vin.

CHARLES.

Je m'en garderai bien, elle seroit peut-être moins traitable.

SCENE VII.

Les précédens, SIR OLIVER, *sous le nom de* PREMIUM, MOSES.

CHARLES.

SOYEZ les biens venus, Messieurs, — Des chaises, — des verres. — Voici un *Toast*, Moses : *honneur à l'usure.*

MOSES, *à Sir Oliver en buvant.*

Honneur à l'usure.

CARELÉSS.

Morbleu ! ce *Toast* est raisonnable : *l'usure* est industrie, & mérite d'être encouragée.

SIR OLIVER.

Voici la réponse à votre *Toast : je souhaite à l'usure tout ce qu'elle mérite.*

CARELESS.

Vous altérez le texte, & pour vous punir, vous boirez une razade d'une pinte.

MOSES.

Considérez, Messieurs, que M. Premium est un gentilhomme....

CARELESS.

C'est par cette raison qu'il aime le bon vin : allons, allons....

CHARLES.

CHARLES.

N'insistez pas, peut-être le vin l'incommode.

SIR OLIVER, *à part.*

Où me suis-je embarqué?

CARELESS.

Puis qu'ils refusent de boire avec nous, il ne faut pas leur accorder notre précieuse compagnie. — Les *dés* sont préparés dans l'autre chambre. Pendant que Charles parlera d'affaires avec ces Messieurs, allons tenter les faveurs de la fortune.

CHARLES.

Allez, Messieurs, vous m'obligerez. — Ecoutez, Careless : j'aurai peut-être besoin de vos secours.

CARELESS.

Disposez de moi : Billets, contrats, caution, tout ce qu'il vous plaira, pourvû que ce ne soit pas de l'argent, car je n'en ai pas,

(*Ils sortent.*)

SCENE VIII.

CHARLES, SIR OLIVER, MOSES.

MOSES.

MONSIEUR Premium est l'homme le plus discret & le plus obligeant. — Il exécute ponctuellement tout ce qu'il promet. (*à Sir Oliver.*) — Et vous trouverez dans M. Charles.....

CHARLES.

Moses est un fort honnête garçon, M. Premium, mais il est un peu verbeux. — Voici en deux mots de quoi il s'agit. Je suis un jeune étourdi, que la nécessité force d'emprunter de l'argent, & vous êtes un vieux richard plus fortuné que moi qui m'en prêtez. — J'ai la folie de payer cinquante pour cent d'intérêt, plutôt que d'en manquer; — & vous avez la sagesse d'en accepter cent, si je veux vous les donner. Je dirai tout bas que vous êtes un frippon, & vous direz tout haut que je suis un imbécile : d'après cela nous pouvons traiter ensemble sans autre cérémonie.

SIR OLIVER.

Votre franchise me plaît : cependant, malgré mon desir de vous être utile, je ne puis vous prêter de l'argent sans l'intervention d'un ami de qui je l'emprunterai..... & c'est l'homme du monde le plus difficile.....: demandez à Moses.

MOSES.

Ho, cela est vrai.

SIR OLIVER.

De plus, cet ami, pour vous obliger, est forcé de vendre des actions à grande perte. — N'est-ce pas Moses?

MOSES.

Monsieur ne vous en impose pas : d'ailleurs, je suis ennemi né du mensonge.

CHARLES.

Je vous crois. — Je sens, Mr. Premium, qu'il est juste que je le dédommage de cette perte.

SIR OLIVER.

J'en suis convaincu. — Mais quelles sûretés me donnerez-vous pour cet argent? Avez-vous des terres!

CHARLES.

Des terres! je ne possède pas une taupinnière, pas un arbrisseau, que ceux qui sont dans mes pôts de fleurs sur ma fênetre.

SIR OLIVER.

Vous avez sans doute quelques effets précieux?

CHARLES.

Quelques effets précieux? — Oui : une dou-

F 2

zaine de chiens d'arrêts, & deux ou trois vieux *ponnies*. Connoîtriez-vous, par hasard, ma famille ?

SIR OLIVER.

Oui.

CHARLES.

Vous n'ignorez donc pas que j'ai dans l'Inde un oncle, duquel j'attends une riche succession.

SIR OLIVER.

J'en ai entendu beaucoup parler, mais j'ignore quelles sont vos espérances près de lui.

CHARLES.

Je sais qu'il m'aime beaucoup, & qu'il est dans l'intention de me faire son héritier.

SIR OLIVER.

Vous m'en apprenez la première nouvelle.

CHARLES.

Oh ! cela est indubitable.

SIR OLIVER, *à part.*

Il me persuadera bientôt que je suis au Bengale.

CHARLES.

En conséquence du projet de mon oncle, je vous donnerai un *post obit* sur lui. — Je serois cependant fâché d'apprendre sa mort ; il m'a toujours traité avec la plus grande bonté.

SIR OLIVER; *à part.*

J'en serois plus fâché que vous. (*haut.*) Je ne puis accepter pareille sûreté : — votre oncle peut vivre long-temps, ou seroit mon espoir de recouvrer mon principal ?

CHARLES.

Je m'apperçois qu'il vous tarde de le voir mourir, afin de revenir à moi pour le paiement.

SIR OLIVER.

Vous n'aurez jamais un pareil créancier.

CHARLES.

Rassurez-vous, mon petit Premium, Sir Oliver est très-infirme.

SIR OLIVER.

On m'a dit qu'il se portoit à merveille.

CHARLES.

On vous a mal instruit. Mon pauvre oncle est tellement changé qu'aucun de ses parens ne le reconnoîtroit.

SIR OLIVER.

Ha ! ha ! ha ! ha ! ce que vous me dites me paroît assez plaisant. Ha ! ha ! ha !

CHARLES.

On diroit que vous en êtes bien aise.

SIR OLIVER.

Moi : non, non, non ; je vous l'assure.

CHARLES.

Je m'en doute : c'est une circonstance assez fâcheuse dans votre marché.

SIR OLIVER.

A propos, on m'a dit qu'il arrivoit, & plusieurs personnes même assurent qu'il est à Londres.

CHARLES.

Autre fausseté. Il est actuellement au Bengale, personne n'en doit être mieux instruit que moi.

SIR OLIVER.

Je le pense : mais, cependant, je tiens cette nouvelle de bonne part. — Demandez-le à Moses.

MOSES.

M. Preminm a raison.

SIR OLIVER.

Mais parlons de nos affaires. On m'a dit que vous n'aviez besoin, dans ce moment, que de quelques centaines de guinées. N'avez-vous rien à vendre?

CHARLES.

Qu'entendez-vous par vendre?

SIR OLIVER.

De l'ancienne vaisselle, par exemple; votre père en laissa, à sa mort, une grande quantité.

CHARLES.

Il y a long-temps qu'elle est fondue : — demandez le à Moses.

SIR OLIVER, *à part.*

Qu'entends-je ! Toutes les belles coupes d'or & d'argent, aux armes de la famille, sont donc converties en guinées. (*haut.*) — Et la superbe bibliothèque de votre père ?

CHARLES.

J'en ai fait de l'argent. On ne doit pas garder pour soi tant de sciences.

SIR OLIVER, *à part.*

Quel dommage ! L'esprit de mes ancêtres a donc été si peu respecté. (*haut.*) A qui avez-vous vendu cette magnifique collection ?

CHARLES.

Ho, ma foi, je n'en sais rien : l'huissier-priseur pourra mieux vous en instruire que Moses & moi.

MOSES.

Je ne me mêle jamais de livres.

SIR OLIVER, *à part.*

Quelle insouciance ! (*haut.*) Il ne vous reste donc rien dont vous puissiez disposer ?

CHARLES.

Rien, que les portraits de mes ancêtres.

SIR OLIVER.

Vous n'avez pas sans doute le projet de les vendre ?

CHARLES.

Pourquoi pas ?

SIR OLIVER.

Quoi ! vos grandes tantes & vos grands oncles....

CHARLES.

Ayeux, ayeules, & toute la famille au plus offrant.

SIR OLIVER, *à part.*

Ce trait est impardonnable. (*haut.*) Croyez-vous, Monsieur, qu'à l'exemple de Shylock, je vous préterai de l'argent sur votre sang ?

CHARLES.

Ne vous fâchez pas, mon petit ami ; pourvu que vous ayez la valeur de votre argent, que vous importe le reste ?

SIR OLIVER, *avec réflexion.*

Vous avez raison. — Je me rappelle que j'ai le moyen de me débarrasser avantageusement de votre famille. Voyons, finissons tout de suite cette affaire. (*à part.*) Je ne lui pardonnerai jamais ce trait là.

⚜

SCENE IX.

Les précédens, CARELESS.

CARELESS.

PARBLEU, mon ami, les usuriers vous font oublier votre compagnie.

CHARLES.

Vous venez à propos : nous allons vendre mes ancêtres à l'encan, au petit Premium.

CARELESS.

Il vaudroit bien mieux les brûler.

CHARLES.

Non, non ; il faut premièrement les vendre, après cela Monsieur les traitera comme il lui plaira. — Allons dans ma gallerie, vous servirez de crieur, & Moses d'huissier-priseur.

SIR OLIVER, *à part.*

Quelle dépravation !

CHARLES.

Qu'avez-vous, mon petit Premium, vous repentez-vous déja du marché ?

SIR OLIVER.

Aucunement. (*Il affecte de rire.*) Ha ! ha ! ha ! il

est trop plaisant pour m'en repentir. (*à part.*) Quelle tête !

CHARLES.

Il est naturel qu'un homme qui a besoin d'argent s'adresse à sa famille. Allons, allons? la famille ! la famille ! (*Ils sortent.*)

SIR OLIVER.

Je ne lui pardonnerai jamais cette inhumanité.

(*Il suit les autres.*)

Fin du troisième Acte.

ACTE IV.

Le Théatre représente une gallerie avec des tableaux.

SCENE PREMIERE.

CHARLES, SIR OLIVER, CARELESS, MOSES.

CHARLES.

VOYEZ Messieurs ; voilà la famille des Surface, depuis la conquête jusqu'à nos jours.

SIR OLIVER.

C'est une collection aussi rare que précieuse.

CHARLES.

Mais ce qui en fait le mérite, c'est la parfaite ressemblance. Tous ces portraits sont des *originaux.*

SIR OLIVER.

On ne trouve guères de pareilles figures.

CHARLES.

Je m'en flatte. — Le soir je m'assied entouré de mes ancêtres, & j'étudie leurs vertus. — Mais occupons nous de la grande affaire. — M. le crieur public ; vîte à votre poste. — Voici le grand fauteuil de feu mon père, il semble avoir été inventé pour cet emploi.

CARELESS.

Avec quoi adjugerai-je ?

CHARLES, *cherchant de tout côté une baguette.*

Ho, nous trouverons quelque bâton, ou baguette — Qu'est-ce que c'est que ce rouleau ? Voyons ! — Le Chevalier Richard, héritier de Robert ! — L'arbre généalogique ! — Morbleu ! Careless, vous auzez une baguette distinguée ! Vous adjugerez mes ancêtres avec leur postérité.

SIR OLIVER, *à part.*

Quel homme !

CARELESS.

L'arbre généalogique servira de catalogue.

CHARLES.

Commençons la vente. — Voilà, M. Premium, mon grand oncle Sir Richard Ravelines merveilleux Général ; il a fait toutes les campagnes du grand Malborough, & reçut cette blessure à l'œil que vous lui voyez à la bataille de Malplaquet. — Il n'est pas vêtu dans son portrait, en courtisan comme l'on peint nos Généraux modernes, il est enveloppé dans sa perruque & son uniforme, tel qu'il convient à un militaire. — Qu'en offrez-vous, M. Premium?

MOSES.

C'est à vous d'y mettre le prix, Monsieur.

CHARLES.

Dix guinées.

CARELESS.

C'est avoir à bon marché un Officier général.

SIR OLIVER, *à part.*

Il n'estime guères son grand oncle. (*haut.*) Dix guinées soit.

CARELESS.

Adjugé.

CHARLES.

Voici ma grande tante Debora, sœur du Général, peinte par le fameux Kneller, excellent portrait à cause de son excessive ressemblance. Remarquez son air innocent; elle paroît aussi douce que le troupeau qu'elle semble mener paître. Quoiqu'elle soit morte fille, vous l'aurez pour cinq guinées & demie.

SIR OLIVER, *à part.*

Ma pauvre tante qui attachoit tant de valeur à ses charmes, être vendue pour un tel prix! (*haut.*) Elle est à moi.

CHARLES.

Careless, adjugez ma grande tante & ses charmes pour cinq guinées & demie.

CARELESS.

Adjugé.

CHARLES.

Voici ses deux cousines. — Ces portraits furent peints dans le temps où les *agréables* portoient des perruques, & où les femmes n'employent pas de faux cheveux.

SIR OLIVER.

Les coëffures d'alors étoient moins élevées que celles d'à-présent

CHARLES.

Que me donnerez-vous de ce juge respectable, ayeul de ma mère?

MOSES.

Quatre guinées.

CHARLES.

Sa perruque les vaut. — Donnez m'en quinze, M. Premium? Vous respectez plus la robe que ce vilain Juif.

SIR OLIVER.

De tout mon cœur.

CARELESS.

Vous êtes vendu, M. le Juge.

CHARLES.

Voilà les deux frères, William & Walter Blunt, Ecuyers, tous deux membres du Parlement, &

grands Orateurs ; & ce qu'il y a de plus extraordinaire, voici la première fois qu'ils ont été *achetés* ou *vendus*.

SIR OLIVER.

Pour la *singularité* du fait & l'honneur du Parlement, je les prends d'après *votre prix*.

CHARLES.

Bravo, bravo, mon petit Premium.

CARELESS.

J'adjuge ces honnêtes gens pour quarante guinées.

CHARLES.

Ce petit bon homme à la mine joyeuse, étoit un Maire de Norwich. — J'ignore son degré de parenté; mais adjugeons-le pour huit guinées.

SIR OLIVER.

C'est trop payer un Maire....

CHARLES.

Ne marchandez pas, je mettrai ces deux Echevins avec lui.

SIR OLIVER.

Soit.

CHARLES.

Careless : adjugez toute la corporation pour huit guinées.

CARELESS.

Elle est expédiée.

CHARLES.

Mais, de la manière dont nous y allons, nous ne finirons pas de huit jours. Prenez tout le côté opposé pour trois cens guinées.

SIR OLIVER, *regarde un moment.*

Je le veux bien. — Mais j'ai remarqué, Monsieur, que vous ne m'avez jamais parlé de ce portrait, au-dessus du sopha.

CARELESS.

Lequel ? — Cette petite vilaine figure.

SIR OLIVER.

Pas si vilaine.

CHARLES.

Ho ! c'est celui de mon oncle Sir Oliver. Il se fit peindre avant d'aller aux Indes, & tout le monde m'assure qu'il est parlant.

CARELESS.

Il a une figure *déshéritante*. Qu'en dites-vous ?

SIR OLIVER.

Je lui trouve un air de bonté. — J'imagine que l'oncle des Indes suivra le reste de sa famille.

CHARLES.

Vous vous trompez : il a eu trop de bonté pour moi. Je le conserverai aussi long-temps que j'aurai une chambre pour l'y placer.

SIR OLIVER.

SIR OLIVER, *à part.*

L'étourdi est mon neveu ! (*haut.*) Ce portrait me plaît singulièrement, je vous en donnerai un prix raisonnable.

CHARLES.

Vous ne l'obtiendrez pas, à quelque prix que ce soit. N'avez-vous pas assez de mes autres parens, sans m'enlever le plus honnête ?

SIR OLIVER, *à part.*

Tout est pardonné : (*haut.*) je vous en donnerai autant que pour tous ceux que je viens d'acheter.

CHARLES.

Il est inutile de m'en parler ; — vous ne l'aurez pas, & cela suffit.

SIR OLIVER, *à part.*

Je ne m'étois pas apperçu qu'il ressemble à son père. (*haut.*) Puisque vous ne voulez pas vendre votre oncle, tenez, Monsieur, voilà un billet à ordre....

CHARLES *regarde.*

Il est de huit cens livres sterling.

SIR OLIVER.

Ajoutez-y le portrait de Sir Oliver, & il est à vous.

CHARLES, *lui rendant le billet.*

Voici ma réponse.

SIR OLIVER.

Je n'en ai pas d'autres, nous balancerons le différent dans un autre moment. (*Il lui prend la main.*) Vous êtes un honnête garçon, mon, cher Charles....! Ah! Monsieur, pardonnez cette liberté : venez Moses.

CHARLES.

Ecoutez, M. Premiun : logez ces Messieurs un peu décemment.

SIR OLIVER.

Ne vous inquiétez pas; on viendra les prendre après de main.

CHARLES.

Dans une bonne voiture, j'espère. Ils y ont été habitués dès l'enfance.

SIR OLIVER.

Ils seront contens. (*à part en sortant.*) Le charmant prodigue. Ho! tout est pardonné.

CARELESS.

Voilà un homme unique.

CHARLES.

C'est la perle des Agents. Où Moses a-t-il trouvé ce trésor: Mais j'apperçois Rowley; je vous suivrai dans l'instant....

CARELESS.

N'ayez pas la bêtise de payer d'anciennés dettes, il ne faut pas gâter nos créanciers....

CHARLES.

Je m'en garderai bien; ce seroit encourager leurs importunités. (*Careless sort.*)

Huit cens livres sterling, dont les deux tiers sont à moi! j'ignorois que mes ancêtres fussent des connoissances aussi précieuses. (*Il salue les portraits.*) Messsieurs, Mesdames, je suis votre très-humble & très-obéissant serviteur.

SCENE II.

CHARLES, ROWLEY.

CHARLES.

VENEZ-VOUS prendre cause pour vos anciens amis?

ROWLEY.

Comment pouvez-vous plaisanter sur votre malheur?

CHARLES.

Au milieu de toutes mes détresses, ils ont conservés leur tranquillité: pourquoi voulez-vous que je sois plus sensible qu'eux?

ROWLEY.

Ah, mon cher Charles!

CHARLES.

Les plaintes ne produisent rien. — Voici un billet à ordre que vous changerez : vous prendrez cent guinées pour le pauvre Stanley : ayons cette précaution, mon ami, avant que quelqu'autre dont les droits, peut-être, seroient plus fondés que les siens, nous enlève la faculté de le secourir.

ROWLEY.

Vous n'avez pas oublié la maxime....

CHARLES.

Qui dit : « Sois juste avant d'être généreux. » N'est-ce pas cela ? Ah ! mon cher Rowley ! la Justice est une vieille infirme, dont les pas lents n'ont jamais pu aller de pair avec ma générosité.

ROWLEY.

De grace, réfléchissez....

CHARLES.

Oui, oui : cela viendra. Jusqu'aprésent, aussi long-temps que je possède un sol, je ne puis m'empêcher d'en partager la moitié avec mes amis. — Mais, trêve à la morale, & songez à secourir mon pauvre parent. (*Il sort.*)

SCENE III.

ROWLEY, SIR OLIVER, MOSES.

MOSES.

SIR PETER avoit raison; Monsieur a vu son neveu dans toute sa gloire.

SIR OLIVER.

Et n'en suis pas fâché. — Rowley! — Malgré ses besoins, il a refusé de vendre mon portrait au plus-haut prix, &, ...

MOSES.

Quel dommage qu'il ne soit pas prudent!

SIR OLIVER.

Mais, ce noble désintéressement....

MOSES.

Et qu'il joue si gros jeu....

SIR OLIVER.

Oui, ce désintéressement, pardonne tous ses erreurs. — Savez-vous, Rowley, qu'il traite ses ancêtres comme une vieille tapisserie?

ROWLEY.

Quel étourdi! Du produit de la vente de sa famille, il me charge de mettre cent guinées au vieux cousin Stanley. En vertu du rôle que vous voulez jouer, cet argent vous appartient: cependant, si vous me le permettiez, j'en ferois un autre usage : je viens de voir dans l'antichambre deux marchands, qui, suivant toutes les apparences, ne sortiront pas très-satisfaits; mon dessein est....

SIR OLIVER.

Je vous entends & vous approuve. Charles ne tardera pas à voir toutes ses dettes payées; sa tendresse pour moi mérite ce bienfait. — Je cesse d'être Agent de Change, pour me revêtir du nom de Stanley, & m'introduire par cette ruse chez mon autre neveu. Allons, Rowley, aidez-moi encore dans cette épreuve.

(*au moment de sortir.*)

SCENE IV.

Les précédens, TRIP.

TRIP.

UN moment, Messieurs : écoute Moses.

(*Ils parlent bas.*)

SIR OLIVER, *à part.*

Vous ne soupçonneriez pas que ce drôle se propose d'emprunter à rente viagère.

ROWLEY.

Dans ma jeunesse, les domestiques se contentoient

de censurer les folies de leurs maîtres ; aujourd'hui ils les approuvent, & cherchent même à les surpasser.

(Sir Oliver & Rowley sortent.)

TRIP, *en s'en allant d'un autre côté.*

Je compte sur toi, Moses.

MOSES.

Vous en aurez des nouvelles sous peu de jours.

(Moses sort.)

SCENE V.

Une Bibliothèque dans la Maison de Josèph Surface.

JOSEPH, UN LAQUAIS.

JOSEPH.

POINT de lettres ni de message de la part de Lady Teazle.

UN LAQUAIS.

Non, Monsieur.

JOSEPH.

Cela m'étonne. Sir Peter soupçonneroit-il quelque chose ? — Cela ne se peut pas ; les vices de mon frère me servent de manteau : (*On frappe.*) Vois ce que c'est.

LE LAQUAIS, *regarde par la fenêtre.*

C'est Myladi Teazle; elle renvoie sa chaise chez la marchande de Modes, au bout de la rue.

JOSEPH.

Fort bien. Mets bien vite de côté ce paravant: la prude qui demeure vis-à-vis, est un peu curieuse. — Tu peut sortir. Je meurs de peur que Lady Teazle ne soupçonne mon attachement pour Maria.... il ne faut pas qu'elle sache mon dessein, avant qu'elle dépende absolument de ma discrétion.

SCENE VI.

JOSEPH, LADY TEAZLE.

LADY TEAZLE.

Vous ne m'accuserez pas de manquer de parole. — Qu'avez-vous? Cet air sérieux annonce que vous êtes impatienté.

JOSEPH.

La grande ponctualité est une preuve de constance, & cette vertu, Madame, n'est plus de mode chez votre sexe.

LADY TEAZLE.

Il vous sied bien de me gronder. Si vous saviez ma situation, vous me plaindriez. (*Ils s'asseyent.*)

Il n'y a plus moyen de vivre avec mon mari : ses soupçons au sujet de Charles....

JOSEPH, *à part.*

Je respire !

LADY TEAZLE.

Augmentent chaque jour : ne trouvez-vous pas qu'il seroit heureux pour nous qu'il épouse Maria ?

JOSEPH, *à part.*

Non, sans doute. (*haut.*) D'autant plus heureux, qu'alors vous seriez convaincue que je n'avois nulle prétention sur elle.

LADY TEAZLE.

A propos : Mon amie Sneerwell ne m'a guère épargnée dans ses discours; mais ce qui est d'autant plus fâcheux, c'est que je ne les mérite pas.

JOSEPH.

Voilà le plus grand mal que j'y trouve.

LADY TEAZLE.

Il est bien cruel pour moi, d'être sans cesse exposée aux sarcasmes de mon mari, lorsque la pureté de ma conduite devroit m'attirer plutôt ses éloges.

JOSEPH.

Il faut autoriser ses soupçons, madame; c'est le privilège de votre sexe.

LADY TEAZLE.

Voilà une morale tout-à-fait nouvelle.

JOSEPH.

Ah! Lady Teazle! C'est la plus raisonnable.

LADY TEAZLE.

Elle ne s'accorde pas avec mon honneur.

JOSEPH.

Cet honneur dont vous parlez, brouille la plupart des ménages, en faisant négliger aux femmes les moyens de plaire à leurs maris : oubliez un instant cet honneur imaginaire, & vous verrez toutes les complaisances que vous aurez pour Sir Peter.

LADY TEAZLE.

Vous êtes dans l'erreur.

JOSEPH.

Non, Madame; j'en suis convaincu.

LADY TEAZLE.

Ma raison s'oppose à cette conviction.

JOSEPH.

Votre raison vous égare. Me croyez-vous capable de vous engager dans de fausses démarches? Ah! ma chère Lady Teazle! vous connoissez mal mon cœur.

(Ils se lèvent.)

LADY TEAZLE.

Dispensez-moi d'en attendre davantage.

JOSEPH.

Les préjugés de l'enfance vous tyrannisent encore.....

LADY TEAZLE.

Si j'avois le malheur de les oublier, ce seroit la conduite de mon mari, & non votre honorable logique, qui produiroit ce grand changement.

JOSEPH, *à genoux.*

Ah ! Madame ! ne condamnez pas un amant. (*Un Laquais.*) Que viens-tu faire, maraut ?

UN LAQUAIS.

Voici, Sir Peter.

JOSEPH.

Sir Peter !

LADY TEAZLE.

Ah ! ciel ! Je suis perdue, où me cacher....

JOSEPH.

Derrière ce paravant. (*Il s'assied.*) Donne-moi vite un livre.

SCENE VII.

JOSEPH, SIR PETER, UN LAQUAIS.

SIR PETER, *à part.*

QUEL exemple ! toujours occupé à s'instruire. (*haut.*) M. Surface ! M. Surface,

JOSEPH.

Qui m'appelle? — Ah! Sir Peter; je vous demande un million de pardons. Quel bonheur de vous voir chez moi! — Je ne crois pas que vous ayez encore vu ma nouvelle bibliothèque? Vous savez, mon cher ami, que dans tous les tems, les livres furent mon unique passion.

SIR PETER.

Vous êtes un jeune homme admirable. — Jusqu'au paravant, tout se ressent ici de l'esprit du maître.

JOSEPH.

J'ai pensé qu'il valoit mieux le garnir de cartes géographiques, que de pagodes chinoises. Ce paravant, comme vous voyez, me sert à différens usages.

SIR PETER.

Vous y trouvez toutes choses.

JOSEPH.

Oui: (*bas.*) Mais j'en recèle davantage.

SIR PETER.

Je voudrois vous entretenir un moment sans témoins.

JOSEPH, *au Laquais.*

Retirez-vous. (*Il sort.*)

SIR PETER.

Asseyons-nous. — Je viens, mon ami, vous

confier mes peines. La conduite de ma femme m'afflige beaucoup : non-seulement elle dépense follement mon bien ; mais j'ai les plus grandes raisons de soupçonner sa fidélité.

JOSEPH.

Que me dîtes-vous ?

SIR PETER.

Je crois même pouvoir vous nommer la personne qui m'a outragé.

JOSEPH.

Ah ! Sir Peter ! Vous m'alarmez ſinguliérement.

SIR PETER.

J'étois sûr d'avance que vous auriez partagé mes...

JOSEPH.

Une telle découverte m'affecteroit autant que vous.

SIR PETER.

Ah ! Joseph ! je connois tout le prix d'un ami tel que vous, auquel on ose confier les secrets de son cœur. — Hé quoi ! mon cher, vous ne devinez pas de qui je parle.

JOSEPH.

Non.

SIR PETER.

Hé bien ! c'est votre frère.

JOSEPH.

Quoi! mon frère seroit-il capable d'une telle bassesse, d'une telle ingratitude?

SIR PETER.

Ah! Joseph! la pureté de votre ame vous aveugle.

JOSEPH.

Hélas! Sir Peter! l'homme vertueux est souvent la dupe de son cœur.

SIR PETER.

L'infâme! ne pas respecter la femme de l'ancien ami de son père.

JOSEPH.

Cette circonstance aggrave le crime, & ajoute à vos peines. — Le trait lancé par l'ingratitude, blesse plus profondément l'ame.

SIR PETER.

Ah! si votre frère avoit la noblesse de la vôtre, il eut ménagé le repos d'un tuteur, qui ne lui refusa jamais.... ses avis.

JOSEPH.

Peut-être vos soupçons sont injustes. — Mais si j'apprends qu'ils sont fondés, — je le renonce pour mon frère. L'homme qui méprise les droits sacrés de l'hospitalité, est indigne de ma société: il faudroit le faire bannir du monde.

SIR PETER.

Du monde ! si l'on y connnoissoit mon malheur, ce monde pervers en riroit.

JOSEPH.

Gardons-nous bien d'en parler ; on diroit....

SIR PETER.

Hé oui, mon ami : on diroit que je le mérite; on ne m'épargneroit pas plus dans les cercles que dans les papiers publics, & l'on se feroit un malin plaisir de chansonner le vieux garçon.

JOSEPH.

Mais je ne puis pas croire que Lady Teazle ait consenti à compromettre.... ainsi son honneur....

ROWLEY.

Son honneur : Ah, mon ami ! une femme résiste-t-elle aux piéges séduisants que lui tend la flatterie unie à la jeunesse ? — Mais une autre affaire m'a conduit ici. — Depuis quelque temps ma femme s'inquiète de la modicité de son douaire. — Et dans une de nos querelles, elle m'a fait entrevenir que ma mort ne l'affligeroit pas. Voici deux contrats que je vous prie d'examiner ; par l'un, je lui donne huit cents livres sterling de rente ; & par l'autre, je la constitue mon unique héritière : elle sera convaincue, après mon décès, qu'elle m'a été infiniment chère pendant ma vie.

JOSEPH.

J'admire votre générosité, (*bas.*) & appréhende qu'elle ne me nuise auprès de ma pupille.

SIR PETER.

Je lui cache soigneusement la tendresse qu'elle m'inspire.

JOSEEPH, *à part.*

Au diable le confident!

SIR PETER.

Et ne veux en faire part qu'à vous. — Mais occupons-nous à présent de vos affaires. Où en êtes-vous auprès de Maria?

JOSEPH, *embarrassé.*

Nous en parlerons une autre fois..., vos chagrins...; dans ce moment-ci, m'occupent uniquement. Mon principe, Sir Peter, est de regarder un homme comme un monstre, s'il n'oublie pas son bonheur auprès d'un ami malheureux.

SIR PETER.

Je n'ignore pas vos sentimens pour elle....

JOSEPH.

Je vous prie de ne m'en pas parler....

SIR PETER.

Et vous jure qu'il est inutile de les cacher plus long temps à ma femme....

JOSEPH.

JOSEPH.

De grace, *Sir* Peter....

SIR PETER.

Elle désirera, autant que moi, de voir vos progrès auprès de ma pupille....

JOSEPH, *parlant fort vite.*

N'en parlons plus, car l'homme.... Que me veut ce faquin?

UN LAQUAIS.

Monsieur votre frère sachant que Sir Peter est avec vous, veut absolument entrer.

JOSEPH, *fort en colère.*

Tu sais que je n'y suis pas pour lui.

SIR PETER.

Pourquoi, mon ami? Il faut le voir.

JOSEPH.

Il faut, il faut! — Dès que vous l'exigez, j'y consens.

LE LAQUAIS.

Il cause là-bas avec un Monsieur.

SIR PETER.

Voici le moment de le sonder sur son intrigue avec ma femme; je vais me cacher : reprochez-lui sa conduite envers moi, c'est le moyen de nous instruire de la vérité.

JOSEPH.

Vous voulez que j'emploie la ruse avec mon frère ?

SIR PETER.

C'est pour obliger votre ami. — S'il est innocent, tant mieux ; ce stratagême le justifiera. — Je l'entends : — Où me cacherois-je. Ho ! ce paravant.... Comment, morbleu ! j'y apperçois quelqu'un qui nous écoutoit.... C'est une femme.....

JOSEPH, *le tirant à l'écart & affectant de rire.*

Ha, ha, ha, ha : le tour est plaisant. — C'est une petite marchande de Mode françoise, qui vient me voir quelquefois le matin. La pauvre fille n'a eu, pour sauver sa réputation, que le temps de se retirer derrière ce paravant au moment où vous êtes entré. Malgré ma morale, je ne suis pas un Anachorète.

SIR PETER, *souriant.*

J'entends ! j'entends ! Vous êtes un rusé compère. — Mais, ventrebleu, mon ami ! elle a entendu mes plaintes contre Lady Teazle.

JOSEPH.

Ne craignez rien, je réponds qu'elle n'en dira mot.

SIR PETER.

Vous me rassurez. — Mais : — J'entends votre frère. — Où me cacherai-je ?

JOSEPH.

Dans ce cabinet. Vous y entendrez mot pour mot notre conversation.

LADY TEAZLE, *pendant le reste du dialogue, pousse sa tête hors du paravant.*

Puis-je sortir ?

JOSEPH.

Paix, paix, ne bougez pas.

SIR PETER, *pendant le reste du dialogue, entr'ouvre la porte du cabinet.*

Sur-tout, appuyez bien sur l'aventure avec ma femme.

JOSEPH.

Oui, oui; retirez-vous bien vîte.

LADY TEAZLE.

Fermez la porte à la clef.

JOSEPH.

Ne parlez pas, où vous êtes perdue.

SIR PETER.

Arrachez-lui ce fatal secret.

JOSEPH.

Soyez tranquille. Le voici : divisa-t-on jamais deux époux d'une telle manière?

SCENE VIII.

JOSEPH, CHARLES.

CHARLES.

FORT bien, mon frère : vos gens me refusent la porte. Etiez-vous par hasard en affaire avec quelque juif ou quelque fille ?

JOSEPH.

Quel propos, mon frère.

CHARLES.

Où est Sir Peter ?

JOSEPH.

Votre visite l'a fait fuir.

CHARLES.

Craignoit-il que je ne vinsse lui emprunter de l'argent ?

JOSEPH.

Emprunter ! Non, mon frère ; mais il se plaint beaucoup de vous.

CHARLES.

Il y en a bien d'autres que lui. — Mais de quoi se plaint il.

JOSEPH.

De vos prétentions sur sa femme. Il est honteux, mon frère, d'inquiéter ce digne homme.

CHARLES.

Je vous donne ma parole d'honneur que je n'y songe pas. — Mais il commence donc à s'appercevoir qu'il a une jeune femme ? Ou peut-être Madame s'apperçoit à la fin qu'elle a un vieux mari.

JOSEPH.

Vos mauvaises plaisanteries blessent ma délicatesse.

CHARLES.

Ecoutez. Je crois m'être un jour apperçu que je ne déplaisois pas à Lady Teazle ; mais je vous jure que je n'ai jamais encouragé ce caprice. Vous connoissez mon attachement pour Maria.

JOSEPH.

Cet aveu fera le bonheur de son époux. — Je ne crois pas, si la dame avoit du penchant pour vous, que vous eussiez la bassesse....

CHARLES.

Quoique mon cœur répugne à un procédé malhonnête, & que de sang froid j'en sois incapable, si cependant une jolie femme unie, à un mari assez vieux pour être son père, me....

JOSEPH.

Que feriez-vous ?

CHARLES.

Ma foi j'aurois besoin d'emprunter un peu de votre sagesse.

JOSEPH.

Fi, mon frère, je rougis pour vous. L'homme qui tourne en plaisanterie ces liens sacrés....

CHARLES.

Oui, oui, je divine votre maxime; elle est très-raisonnable. Mais, parlons d'autre chose: — Je suis bien surpris, mon frère, du propos que vous me tenez; je vous ai toujours soupçonné d'être le favori de Lady Teazle.

JOSEPH.

Moi, mon frère?

CHARLES.

Oui; vous. De certains regards intelligens....

JOSEPH.

Vous n'y songez pas.

CHARLES

Avez-vous oublié, un certain jour, où je vous trouvais avec elle....

JOSEPH, *lui met la main sur la bouche.*

Prends garde à ce que tu dis; Sir Peter nous écoute.

CHARLES.

Où est-il?

JOSEPH.

Dans ce cabinet.

CHARLES.

Ho, je veux le voir.

JOSEPH, *l'arrêtant.*

Laisse, laisse donc.

CHARLES.

Je veux le voir, te dis-je. (*Il ouvre violemment la porte.*) Sir Peter! Sir Peter! (*Il lui donne gravement la main.*) Paroissez en Cour. Comment, mon ancien tuteur? vous adoptez la petite manie de l'inquisition, & prenez *incognito* témoignage contre les gens.

SIR PETER.

Donnez-moi la main, mon ami; je conviens que j'ai eu d'injustes soupçons; mais je vous prie de n'en pas vouloir à votre frère; cette petite supercherie vient de moi: je n'oublierai jamais, mon cher Charles, ce que j'ai entendu.

CHARLES.

Il est heureux que vous n'en ayez pas entendu davantage: n'est-ce pas mon frère?

SIR PETER.

Vous auriez donc voulu vous venger de moi en me faisant croire que votre frère....

CHARLES.

Ma foi, mon ami, il y a autant de raisons pour lui que pour moi. — Qu'en dites-vous, Joseph?

UN LAQUAIS *parle à part à Joseph, tandis que Sir Peter & Charles sourient à l'un l'autre malicieusement.*

Lady Sneerwell demande à vous parler en particulier.

JOSEPH *au Laquais.*

J'y vais. (*à Sir Peter.*) Permettez-moi de vous conduire dans une autre pièce, des gens d'affaires demandent à me voir.

CHARLES.

Recevez-les ailleurs : je resterai avec Sir Peter, il y a des siècles que je ne l'ai vu.

JOSEPH.

Soit. (*à part à Sir Peter.*) Soyez discret.

SIR PETER, *bas.*

Ne craignez rien. (*Joseph sort.*) (*à Charles.*) Il faudroit voir plus souvent votre frère, vos mœurs s'en ressentiroient. Ah! Charles! il est tout sentiment : rien d'aussi précieux qu'un homme à sentimens.

CHARLES.

Il est trop philosophe pour moi : je suis sûr qu'il ne me pardonneroit pas les plus legères foiblesses de mon age, &.....

SIR PETER.

Il n'a pas une sévérité ridicule.

CHARLES.

Ho ! c'est un hermite, un....

SIR PETER.

Paix, paix; on peut l'instruire de vos propos.

CHARLES.

Quoi ! vous lui diriez.....

SIR PETER.

Ce n'est pas moi; mais.... (*à part.*) J'ai bonne envie de parler. (*en hésitant.*) Ecoute, Charles : veux tu t'amuser un moment.... aux dépends de ton frère ?

CHARLES.

Ah ! Sir Peter ! je donnerois tout au monde pour en avoir l'occasion.

SIR PETER *à part.*

Mon indiscrétion est une représaille pour l'histoire du cabinet. (*haut.*) Ton frère n'étoit pas seul, lorsque je suis arrivé chez lui.

CHARLES.

Quoi ! en compagnie....

SIR PETER.

D'une jolie petite marchande de modes françoise.....

CHARLES.

Cela n'est pas possible !

SIR PETER *montrant le paravent en souriant.*

Elle est cachée, là, là, là.....

CHARLES.

Je veux la voir....

SIR PETER *le retient.*

Non, non, non.....

CHARLES.

Oui, oui, oui, il faut absolument....

(*Sir Peter en faisant un mouvement pour retenir Charles, fait tomber le paravent au moment où Joseph entre.*)

SCENE IX.

Les Acteurs précédens, LADY TEAZLE *se cachant le visage avec ses mains;* JOSEPH, *consterné.*

SIR PETER.

QUE vois-je!

CHARLES.

O ciel! Lady Teazle! — Voilà assurément la plus aimable marchande de modes qu'on ait jamais vue. Mon frère expliquez-nous le mystère qui règne ici. — Vous êtes sans doute dans le secret. — Mais vous gardez le silence? — Puisque votre éloquence est en défaut, Madame voudra bien y suppléer. — Pas un mot? — Quoique je n'aie pas le don de deviner, je suppose en vous voyant, que vous étiez parfaitement d'accord, & sur ce, je vous fais ma révérence. (*Il fait quelques pas & revient.*) « Il » est honteux, mon frère, d'inquiéter ce digne » homme ». Ha, ha, ha, ha. (*à Sir Peter.*) « Rien » d'aussi précieux qu'un homme à sentimens ». Ha, ha, ha, ha. (*Il sort.*)

JOSEPH.

Malgré les apparences, je vous jure, Monsieur.

SIR PETER.

Que vous êtes un fourbe.....

JOSEPH.

De grace, écoutez-moi, & j'expliquerai ce mystère à votre satisfaction.

SIR PETER.

Parlez.

JOSEPH.

Lady Teazle instruite..... Myladi..... connoissant mes prétentions.... sur l'hymen de Maria.... Madame s'intéressant à...... votre Pupille..... ; n'ignorant pas ma..... Votre humeur jalouse...., s'est rendue chez moi pour.... Afin d'en parler plus librement..... Et comme j'ai eu l'honneur de vous le dire, au moment où l'on vous a annoncé..... elle est passée derrière le paravent.... &.... Voilà, Monsieur, l'explication de tout ce mystère.

SIR PETER.

Cela me paroît clair : je vous réponds que Madame ne vous démentira pas.

LADY TEAZLE *s'avance.*

Vous vous trompez, Monsieur, j'ai....

SIR PETER.

Morbleu ! Madame ! l'aventure vous paroît-elle si peu conséquente, qu'elle ne vaille pas la peine de mentir?

LADY TEAZLE.

Elle m'inspire de l'horreur & c'est ce qui m'engage à vous dire la vérité.

JOSEPH *bas à Lady Teazle.*

Avez-vous dessein de me perdre ?

LADY TEAZLE.

Taisez-vous, indigne imposteur.....

SIR PETER.

Laissez-la parler, elle s'en tirera mieux que vous.

LADY TEAZLE.

J'ignorois ses vues sur Maria, & ne me suis rendue chez lui qu'à sa sollicitation. Pour m'y engager, il employa tous les détours de la séduction, & si je n'ai pas succombée, à ses desseins criminels, j'en ai l'obligation à mes principes, plus qu'à l'attachement à mon devoir, qu'il a vainement cherché à détruire.

SIR PETER.

Je commence à vous croire, Madame.

JOSEPH.

La frayeur lui ôte la raison.

LADY TEAZLE.

Vous ne parviendrez pas à vous excuser; vous tombez vous-même dans vos propres pièges ; ils servent à vous confondre, & à me justifier. (*à Sir Peter.*) Je rougis de ma faute, & suis indigne de vos bontés : si la crainte n'eût retenue mes pas, je me serois jettée à vos pieds..... Mais ma conduite vous prouvera désormais mon repentir. La honte d'avoir reçu les hommages de ce monstre, vous vengent assez d'une épouse trop crédule.

(Elle sort.)

JOSEPH.

Le ciel m'est témoin....

SIR PETER.

Que vous êtes un misérable....

JOSEPH.

Arrêtez, de grace, écoutez-moi. — L'homme qui ferme l'oreille à la.....

SIR PETER *en s'en allant.*

Au diable la morale & les beaux sentimens.

JOSEPH *en le suivant.*

De grace..... un mot.

Fin du quatrième Acte.

ACTE V.

SCENE PREMIERE.

JOSEPH *parlant à un Laquais.*

MONSIEUR Stanley ! M. Stanley ! Tu ne pouvois pas lui refuser ma porte ?

LE LAQUAIS.

Il étoit entré avant que j'aie pu savoir son nom. M. Rowley est avec lui.

JOSEPH.

Peste soit des importuns ! Tu es un sot. — Ne suis-je pas assez tracassé de mes propres disgraces, sans l'être encore par les malheurs d'autrui. Je voulois être seul.... Fais-le entrer. (*le Laquais sort.*) Jamais la fortune ne joua de la sorte un homme aussi circonspect que je le suis..... Tout est perdu!... &.... ne voilà-t-il pas une belle heure pour me parler de ses malheurs ? A peine aurai-je assez de présence d'esprit..... pour le congédier avec une phrase morale..... Je l'apperçois ; allons composer ma figure devant une glace.

(*Il sort du côté opposé par lequel on entre.*)

SCENE II.

SIR OLIVER, *sous le nom de* STANLEY, ROWLEY.

SIR OLIVER.

N'EST-CE pas lui qui paroît nous fuir?

ROWLEY.

Oui : la délicatesse de ses nerfs craint l'approche inattendue d'un pauvre parent. — J'eusse mieux fait de l'avertir.

SIR OLIVER.

Ses nerfs! & voilà l'homme dont Sir Peter vantoit la bienfaisance?

ROWLEY.

Elle n'est que théorique.....

SIR OLIVER.

Et disparoît au moment où elle devroit agir.

ROWLEY.

Je vous laisse avec lui, sous le nom de Stanléy, & reviendrai pour vous annoncer sous votre véritable nom.

SIR OLIVER.

Allez m'attendre chez Sir Peter, je ne tarderai pas à vous y rejoindre.

(*Rowley sort.*)

SCENE

SCENE III.

SIR OLIVER, JOSEPH.

SIR OLIVER

Le voici : je n'aime pas cet air composé.

JOSEPH.

Mille pardons, Monsieur. — Je crois que j'ai l'honneur de parler à M. Stanley ?

SIR OLIVER.

A vous servir, Monsieur.

JOSEPH.

Asseyez-vous, Monsieur.

SIR OLIVER.

Je vous prie de m'en dispenser. (*à part.*) — Cette cérémonie me déplaît.

JOSEPH.

Quoique je n'aie pas le plaisir de vous connoître, je me réjouis de vous voir aussi bien portant. — Ne dites-vous pas, M. Stanley, que vous êtes parent de ma mère ?

SIR OLIVER.

Je lui étois allié de si près, que de peur que ma misère ne fasse honte à ses enfans, je me vois obligé de les importuner aujourd'hui.

JOSEPH.

Ah ! Monsieur ! l'infortune a plus de droits que l'opulence, je voudrois être assez riche pour vous accorder quelques secours.

SIR OLIVER.

Il est malheureux pour moi que Sir Oliver ne soit pas à Londres.

JOSEPH.

Je ne manquerois pas, s'il y étoit, de l'engager à vous être utile.

SIR OLIVER.

Mes malheurs me serviroient de protection. — mais j'ai pensé que sa générosité envers ses neveux, leur auroit fourni le moyen de le remplacer dans ses dispositions bienfaisantes.

JOSEPH.

Sa générosité ! ah ! Monsieur ! l'avarice est le partage de la vieillesse. Je sais qu'on a débité plusieurs histoires sur cette prétendue générosité ; je ne me suis pas donné la peine de les contredire.

SIR OLIVER.

Il ne vous a donc jamais envoyé des lingots, des doublons d'Espagne, comme on l'a dit partout.

JOSEPH *souriant.*

J'en ai reçu des mousselines, des feux d'artifices, & quelques autres bagatelles de ce genre.

SIR OLIVER *à part.*

L'ingrat! il oublie bientôt les treize mille guinées.

JOSEPH.

Vous ne concevez pas, Monsieur, tout ce que j'ai dépensé pour mon indigne frère.....

SIR OLIVER *à part.*

Je le conçois aisément.

JOSEPH.

Les sommes immenses que je lui ai prêtées. Quoiqu'alors cette condescendence me parût une aimable foiblesse, je la blâme en ce moment, puisqu'elle me prive, mon cher Stanley, du plaisir de vous être utile.

SIR OLIVER *à part.*

Le fourbe! (*haut.*) Il ne vous est donc pas possible de m'accorder le plus léger secours?

JOSEPH.

J'en suis désespéré, mais je ne le puis dans ce moment, je vous ferai avertir aussi-tôt que j'en aurai le moyen.

SIR OLIVER.

Vous êtes trop bon, Monsieur.

JOSEPH.

Laissons cela : s'attendrir sur les malheurs d'autrui sans avoir la faculté de les alléger, est plus affligeant que d'essuyer un refus. — J'en suis désolé ; je souhaite que vous soyez dorénavant plus heureux : adieu, Monsieur, comptez que je m'intéresse vivement à vous.

SIR OLIVER *lui fait une profonde révérence.*

Votre très-reconnoissant serviteur....

JOSEPH.

Holà, quelqu'un ! Ouvrez la porte à Monsieur. — Je suis bien touché de votre situation..... (*au Laquais.*) Ouvrez donc la porte..... Votre tout dévoué serviteur.

SIR OLIVER *à part, en sortant.*

Charles ! tu es mon héritier.

JOSEPH.

Voilà un autre inconvénient attaché à une trop bonne renommée ; on est assailli par les plaintes des infortunés ! Pour la soutenir, il faudroit nécessairement être charitable ; mais j'en prends l'apparence, & cela me suffit.

SCENE IV.

JOSEPH, ROWLEY.

ROWLEY *lui remet une lettre.*

SIR OLIVER m'envoye, Monsieur, vous annoncer son arrivée.

JOSEPH.

Mon oncle à Londres! Vite, vite! qu'on rappelle M. Stanley.

ROWLEY.

On ne l'atteindra pas, je l'ai rencontré dans la rue.

JOSEPH *à part.*

Maudit contre-temps! (*haut.*) J'espère que Sir Oliver se porte bien?

ROWLEY.

On ne peut pas mieux; il sera chez vous en quelques minutes.

JOSEPH, *d'un air gracieux.*

Ayez la bonté de l'assurer de toute mon impatience à le recevoir.

ROWLEY, *froidement.*

J'executerai vos ordres, Monsieur.

JOSEPH *en faisant une profonde révérence.*

Je vous en supplie, Monsieur. (*Rowley sort.*) Ce retour imprévu achève mon embarras. (*Il sort.*)

SCENE V.

Maison de SIR PETER TEAZLE.

Madame CANDOUR, UNE FEMME DE CHAMBRE.

LA FEMME DE CHAMBRE.

MYLADI m'a donné des ordres positifs de ne recevoir personne.

Madame CANDOUR.

Dites que c'est, son amie, Madame Candour.

LA FEMME DE CHAMBRE.

Elle le sait, Madame, & vous prie de l'excuser.

Madame CANDOUR.

Retournez chez elle; je viens pour la consoler. (*la Femme sort.*) Ce retard m'empêchera d'être la première instruite de toute l'affaire....

SCENE VI.

Madame CANDOUR, SIR BENJAMIN,

Madame CANDOUR.

Ho ! je suis bien aise de vous voir. — Savez-vous l'aventure de Lady Teazle. — J'en ai été singulièrement étonnée & suis fort en peine pour les parties intéressées dans.....

SIR BENJAMIN.

J'avoue que Sir Peter ne m'intéresse guère sa ridicule partialité pour l'aîné....

Madame CANDOUR.

C'est le cadet....

SIR BENJAMIN.

Hé non, Madame, c'est l'ainé qui faisoit sa cour à....

Madame CANDOUR.

Vous vous trompez : c'est Charles, & Joseph a découvert l'intrigue, en conduisant Sir Peter dans....

SIR BENJAMIN.

Vous n'y êtes pas. Je tiens l'histoire de quelqu'un à qui....

Madame CANDOUR.

Et moi je la tiens d'un spectateur de toute l'af.....

SIR BENJAMIN.

Et moi d'une des parties intéressées.

Madame CANDOUR.

Il n'est pas sûr qu'il vous ait dit la vérité. — Mais voici Lady Sneerwell, peut-être sera-t-elle....

SCENE VII.

Les précédens, LADY SNEERWELL.

LADY SNEERWELL.

AH! ma chère amie, quelle triste aventure! la pauvre Lady Teazle....

Madame CANDOUR.

J'en suis désolée....

LADY SNEERWELL.

Je la plains, quoiqu'elle ait toujours été trop imprudente.

Madame CANDOUR.

J'en conviens : mais elle avoit beaucoup de naturel....

SIR BENJAMIN.

Elle avoit la repartie charmante.

Madame CANDOUR *à Lady Sneerwell.*

Vous êtes sans doute instruite de toutes les circonstances?

SIR BENJAMIN.

Auroit-on jamais soupçonné M. Surface....

Madame CANDOUR.

Vous voulez dire Charles...

LADY SNEERWELL, *étonnée.*

Charles?

Madame CANDOUR.

Oui, Madame.

SIR BENJAMIN.

Je ne veux pas contredire Madame ; mais que ce soit Joseph ou Charles, j'espère que les blessures de Sir Peter ne seront pas mortelles.

Madame CANDOUR.

Ses blessures ! — Ils se sont donc battus?

SIR BENJAMIN.

Sans doute.

LADY SNEERWELL.

Racontez-nous cela.

SIR BENJAMIN, *fort lentement.*

Il faut que vous sachiez, Mesdames..... En vérité vous ignoriez l'essentiel.... Il faut donc que vous sachiez.... (*il prend du tabac.*) que Sir Peter soupçonnoit.... depuis.... long-temps.... les fréquentes visites que faisoit.... sa femme.... (*il se mouche.*) chez.... Monsieur.....

Madame CANDOUR.

Chez Charles....

SIR BENJAMIN.

Non, Madame, chez M. Surface. Ayant été voir celui-ci, il y a trouvé Lady Teazle : Monsieur, lui a-t-il dit, vous êtes un ingrat....

Madame CANDOUR.

Ce ne peut-être qu'à Charles....

SIR BENJAMIN *sans se déconcerter.*

C'est à son frère, Madame : — & quoique je sois vieux, j'en demande satisfaction sur-le-champ : ils ont tiré l'épée, & se sont battus....

Madame CANDOUR.

Cette circonstance prouve bien que c'étoit Charles, Joseph ne se seroit pas battu chez lui.

SIR BENJAMIN.

Parbleu, Madame, je vous répéte que vous vous trompez. Lady Teazle voyant le danger de son mari a quitté précipitamment la chambre dans des convulsions affreuses, Charles l'a suivie en demandant à grands cris de l'esprit de corne de cerf. Pendant qu'il cherchoit de l'eau les deux antagonistes se sont battus avec acharnement, & par une botte en dessous, M. Surface a blessé Sir Peter d'un coup d'une petite épée dans le côté droit.

SCENE VIII.

Les précédens, CRABTREE, *acccourant & criant de loin :*

C'ÉTOIT au pistolet, neveu ! au pistolet !

Madame CANDOUR

Ah ! M. Crabtree, instruisez-nous de la vérité.

SIR BENJAMIN.

Vous êtes dans l'erreur, mon oncle ; un coup de lame d'une petite épée....

CRABTREE.

C'étoit morbleu un coup de pistolet, la balle se logea....

SIR BENJAMIN.

Le coup passa....

CRABTREE.

Ventresaintgris, je vous le répéte, la balle se logea dans le *thorax*.

SIR BENJAMIN.

Permettez-moi de vous dire que....

CRABTREE.

Vous ne pouvez donc pas souffrir qu'un autre soit mieux instruit que vous ? Vous vous imaginez savoir toutes choses. — C'étoit un pistolet que Charles....

Madame CANDOUR.

Nous y voilà : je le savois bien que c'étoit Charles.

SIR BENJAMIN, *gravement.*

C'étoit M. Surface, mon oncle.

CRABTREE.

Morbleu, je vous dis que c'étoit Charles. Personne n'a-t-il ici le droit de parler que vous? — Voici l'affaire, Mesdames : M. Surface revenoit de Salthill, où il s'étoit rendu la veille avec un ami particulier dont le fils est au collége d'Eton ; malheureusement il avoit laissé ses pistolets chargés sur une commode du sallon, lorsque Charles....

SIR BENJAMIN.

Hem ! hem !

CRABTREE *fort en colere.*

Taisez-vous, & laissez-moi le temps de raconter mon histoire. — Je disois donc, Mesdames, que Sir Peter reprochant à Charles son ingratitude....

SIR BENJAMIN.

J'ai déja parlé de ces reproches....

CRABTREE *le regarde & sécoue la tête.*

Sa noire ingratitude, ils sont convenus de vuider la querelle au pistolet. — Sir Peter a manqué son coup, la balle de Charles a atteint celui-ci & a été se loger dans le *thorax* ; mais ce qu'il y a eu de plus remarquable dans ce duel, c'est que la balle de Sir Peter a frisé la tête d'un petit Shakespear de bronze, placé sur la cheminée, a passé de-là en angle droite par la fenêtre, & a blessé le facteur de la poste, qui dans ce moment remettoit à un Laquais, dans la rue, une lettre de Northampton-Shire.

LADY SNEERWELL *à part.*

Je suis plus intéressée, qu'on ne pense, à éclaircir cette affaire ; je cours m'en instruire.

(Elle sort.)

SIR BENJAMIN.

Il n'est pas difficile d'expliquer ce départ précipité.

CRABTREE.

On dit que Lady Sneerwell.... Mais il vaut mieux se taire.

Madame CANDOUR.

J'espère que Sir Peter n'est pas mortellement blessé ?

CRABTREE.

Il a été transporté sur-le-champ chez lui : sa femme ne le quitte pas, j'ai rencontré le médecin en entrant ici.

SIR BENJAMIN, *en voyant Sir Oliver traverser la scene.*

N'est-ce pas lui.

CRABTREE.

Oui, oui, c'est lui-même.

Madame CANDOUR.

Il vient vers nous, voilà le moment de nous instruire à fonds de l'affaire.

SCENE IX.

Les précédens, SIR OLIVER.

Madame CANDOUR.

COMMENT se porte votre malade, mon cher docteur ?

SIR BENJAMIN.

Le coup n'est pas mortel, j'espère ?

CRABTREE.

Se rétablit-t-il un peu ?

SIR BENJAMIN.

C'est un coup d'épée, n'est-ce pas ?

CRABTREE.

Convenez que c'est un coup de pistolet ?

(*Ils tirent chacun Sir Oliver par l'habit.*)

SIR BENJAMIN.

Répondez-moi, je vous prie.

CRABTREE.

De grace, tirez-moi d'inquiétude.

SIR OLIVER.

Avez-vous perdu l'esprit, Messieurs? Au nom du ciel que me voulez-vous dire?

SIR BENJAMIN.

N'êtes-vous pas médecin, Monsieur?

SIR OLIVER.

Je l'ai ignoré jusqu'à présent.

CRABTREE.

Ho, je m'apperçois que Monsieur n'est qu'un ami particulier de la maison.

SIR OLIVER.

Rien de plus, Monsieur.

SIR BENJAMIN.

Personne n'est plus à portée de nous donner des nouvelles du blessé.

SIR OLIVER.

Quel blessé?

CRABTREE.

Quoi! vous ignorez l'accident....

SIR BENJAMIN.

La fâcheuse aventure....

SIR OLIVER.

Je vous conjure de parler chacun à votre tour:

mais je devine à vos questions que vous supposez tous les deux Sir Peter mortellement blessé ; il faut qu'il soit bien imprudent de se présenter dans un état aussi dangéreux, car le voilà qui s'avance vers nous.

SCENE X.

Les précédens, SIR PETER.

SIR OLIVER.

DANS votre situation, mon ami, on garde le lit : vit-on jamais un homme se promener avec un coup d'épée, & une balle dans....

SIR PETER.

Que signifie ce discours ?

SIR OLIVER.

Ces Messieurs avoient le projet de vous tuer, sans le secours des loix, ni de la médecine ; & pour avoir un complice, ils me faisoient médecin.

SIR BENJAMIN.

Nous sommes bien aise, Sir Peter, que la nouvelle de votre duel ne soit pas fondée.

CRABTREE.

Et très-fâchés de vos autres disgraces.

SIR PETER.

SIR PETER *à part.*

Mon aventure est déja publique.

Madame CANDOUR.

Il est affreux qu'un mari comme vous....

SIR PETER.

Brisons là-dessus, Madame....

CRABTREE.

Quel dommage! après avoir vécu si long-temps dans le célibat, d'être....

SIR PETER.

Je vous prie, Monsieur, de vous rappeller que vous êtes chez moi.

SIR BENJAMIN.

Le meilleur parti est de rire le premier de votre accident.

CRABTREE.

En tout cas, vous n'êtes pas l'unique, & c'est ce qui console.

SIR PETER.

Je vous prie de vous retirer, & de m'épargner vos complimens.

Madame CANDOUR.

Allons, Monsieur, nous aurons soin de divulguer cette aventure avec tout le zèle imaginable.

(*Elle sort.*)

SIR BENJAMIN.

Et n'omettrons aucune circonstance.....

(Il sort.)

CRABTREE.

Et nous n'oublierons pas de faire l'éloge de la résignation avec laquelle vous suportez votre malheur. *(Il sort.)*

SIR PETER.

Je vous défends l'entrée de ma maison, infernales vipères : il n'y a pas moyen d'endurer leurs propos.

SCENE XI.

Les Acteurs précédens, ROWLEY.

SIR OLIVER.

Hé bien, Sir Peter ! Joseph étoit donc cet homme si vertueux....

ROWLEY.

Quoi ! avec de si beaux sentimens ? car on est édifié de l'entendre....

SIR OLIVER.

Voilà donc ce modèle de jeunes gens ! — Où sont vos éloges, mon ami ?

SIR PETER.

Nous vivons dans un siècle où l'on apprend d'en être avare.

SIR OLIVER.

Vous n'avez pas toujours parlé de même.

ROWLEY.

Me croirez-vous une autre fois?

SIR PETER.

Vous êtes, à ce qu'il me paroît, instruit de l'aventure?

SIR OLIVER.

Oh! de toutes les circonstances.

ROWLEY.

J'ai rencontré Lady Teazle à son retour: elle est pénétrée de sa faute, & m'a prié de plaider sa cause auprès de vous.

SIR OLIVER.

La petite marchande de modes, mon ami? Je n'ai jamais ris de si bon cœur.

SIR PETER.

L'aventure est fort plaisante,

SIR OLIVER.

Ho! très-plaisante. — Voilà, cependant votre philosophe?

SIR PETER.

Le diable emporte la philosophie.

SIR OLIVER.

J'aurois donné tout au monde pour voir votre figure, lorsque Charles vous a fait sortir du cabinet, & sur-tout à la chûte du paravent.

SIR PETER *embarrassé.*

Ma figure.... Morbleu, mon ami!.... Ho, oui.... (*à part.*) Je n'y tiens plus.

SIR OLIVER.

Ha, ha, ha: allons, allons, mon ancien ami? Ne vous fâchez pas. Ha, ha, ha, ha. — Je vous demande pardon....; mais je ne puis m'empêcher d'en rire. Ha, ha, ha, ha.

SIR PETER.

Ho! riez en à votre aise.... Je vous jure que je ne m'en fâche pas.... Il est trop heureux.... de pouvoir amuser ses amis.,... c'est un bonheur.... tout-à-fait désirable.

ROWLEY.

Regardez, Monsieur, voilà votre malheureuse femme qui n'ose approcher : ses larmes annoncent son repentir : de grace daignez-vous reconcilier avec elle.

SIR OLIVER.

En attendant, je vais chez Joseph : ne tardez pas à m'y suivre. Si je ne parviens pas à corriger l'hipocrite, j'aurois du moins le plaisir de démasquer l'hipocrisie.

SIR PETRR.

Quoique cette maison ne soit pas très-favorable aux découvertes, je serois bien aise d'être témoin de celle-ci. (*Sir Oliver sort.*) (*Sir Peter regarde du côté où Rowley lui annonça Lady Teazle.*) Je ne vois pas ma femme, Rowley.

ROWLEY.

Elle est entrée dans sa chambre. La porte en est ouverte, & son dessein, sans doute, est de vous y recevoir.

SIR PETER.

Je veux lui laisser le temps de réfléchir sur sa conduite.

ROWLEY.

Ne l'affligez pas par une excessive sévérité.

SIR PETER.

La lettre que j'ai trouvée écrite de la main de Charles, lui étoit sans doute destinée.

ROWLEY.

Je vous réponds que vous vous trompez.

SIR PETER.

Ah, Rowley! si je pouvois vous croire, nous serions bientôt réconciliés. (*Il approche de la porte.*) — Quelle est belle! quelle élégance dans sa taille! je meurs d'envie d'entrer chez elle.

ROWLEY.

Allez, Monsieur, qu'est-ce qui vous retient?

SIR PETER.

Je crains qu'on ne se moque de ma foiblesse.

ROWLEY.

Laissez rire les envieux, & leur prouvez que votre bonheur ne dépend pas de leur malignité.

SIR PETER.

Vous avez raison, mon ami : faisons voir qu'en dépit des épigrammes, nous pouvons vivre heureux.

ROWLEY.

Ah, Sir Peter ! l'homme sage....

SIR PETER.

Point de morale, Rowley ; elle m'a jouée un trop mauvais tour. Entrons ensemble chez ma femme, vous aurez l'air d'intercéder pour elle.

ROWLEY.

De tout mon cœur.

(Ils entrent dans une porte de côté.)

SCENE XII.

La Bibliothèque de JOSEPH SURFACE.

LADY SNEERWELL, JOSEPH.

LADY SNEERWELL.

TOUT est perdu ! Sir Peter pardonnera sans doute a votre frère, & consentira à son hymen avec Maria.

JOSEPH.

L'amour ne pourra-t-il pas vous dédommager ?

LADY SNEERWELL.

L'amour ne sera pas plus heureux que la ruse. Mais pourquoi me suis-je liguée avec vous ?

JOSEPH.

Je souffre autant que vous, & cependant je suis tranquille.

LADY SNEERWELL.

C'est que votre cœur n'étoit pour rien dans vos projets auprès de Maria. Ah ! si vos sentimens eussent été aussi vifs que les miens, vous songeriez comme moi à vous venger.

JOSEPH.

Est-ce ma faute, si vous n'avez pas mieux réussi ?

LADY SNEERWELL.

Sans doute : n'aviez-vous pas un champ assez

vaste pour exercer vos talens auprès de Sir Peter, & de votre frère? Mais, non : Monsieur devoit aussi séduire la femme. — Je hais cette avidité dans le crime : c'est un monopole qui trompe tôt ou tard celui qui l'exerce.

JOSEPH.

J'avoue que j'ai eu quelque tort, & que je me suis un peu égaré dans la carrière de l'artifice. — Cependant, nos affaires ne me paroissent pas désespérées.

LADY SNEERWELL.

Comment cela?

JOSEPH.

Ne m'avez-vous pas dit que Snake appuyera de son serment la promesse de mariage que vous supposerez entre Charles & vous?

LADY SNEERWELL.

Oui.

JOSEPH.

Les lettres que nous avons repandues à ce sujet, dans le public, donneront à cette fable les couleurs de la vérité.

LADY SNEERWELL.

Mais, s'il nous trahit?

JOSEPH.

Je ne crains pas cela. Sir Peter est intéressé à se taire, & je découvrirai bientôt le foible de mon oncle. Mais je l'attends à chaque instant, & suis forcé de vous prier de passer dans une autre pièce.

LADY SNEERWELL.

Je ne doute pas de votre capacité, lorsque vous n'embrasserez qu'une affaire à la fois.

(*Elle sort.*)

JOSEPH.

Vous serez satisfaite. — Quelle honte d'être surpassé en artifice par une femme! (*On frappe.*) — Qui est-ce? C'est sans doute mon oncle. — Mais que vois-je! encore cet importun Stanley. — Holà, quelqu'un? — Faites-moi sortir cet homme.

SCENE XIII.

JOSEPH, SIR OLIVER *approchant.*

JOSEPH.

Je vous ai déja dit, Monsieur, que je ne pouvois rien vous donner, ne m'importunez pas davantage.

SIR OLIVER.

Je sais que votre oncle va se rendre ici, permettez-moi....

JOSEPH.

Cela ne se peut pas, il faut absolument....

(*Il le prend par le bras.*)

SIR OLIVER.

Respectez au moins ma misère, permettez....

JOSEPH *le poussant violemment vers la porte.*

Je vous permets de sortir sur le champ.

SCENE XIV.

Les précédens, CHARLES.

CHARLES.

QUE faites-vous, mon frère ? Je ne souffrirai pas qu'on maltraite mon petit Premium. Vous refuse-t-il de l'argent ?

JOSEPH.

De l'argent ! Non ? J'attends, à chaque instant, Sir Oliver, & M. Stanley s'obstine à le voir.

CHARLES.

M. Stanley ? Il se nomme Premium.

JOSEPH.

Hé non, vous dis-je ; il se nomme Stanley.

CHARLES.

C'est un Agent de change.

JOSEPH.

Je m'embarrasse peu de ce qu'il est, peut-être

s'annonce-t-il sous une cinquantaine de noms, pour mieux en imposer.

CHARLES.

C'est l'usage de Messieurs les usuriers, les papiers publics fourmillent journellement d'*A* & de *B*, qui couvrent les noms de ces utiles citoyens.

JOSEPH.

De grace, M. Stanley....

CHARLES.

Croyez-moi, mon petit Premium....

SCENE XV.

Les Acteurs précédens, SIR PETER, LADY TEAZLE, MARIA, ROWLEY.

SIR PETER.

IL me paroît, Sir Oliver, que vos neveux vous mettent à la porte.

JOSEPH.

Qu'entends-je! mon oncle?

CHARLES.

O ciel! je suis perdu!

SIR OLIVER.

Vous êtes venu très-heureusement à mon secours.

SIR PETER.

Les malheurs du pauvre Stanley, ne vous garantissoient pas des violences de ce Monsieur.

(*Montrant Joseph.*)

SIR OLIVER.

Le petit Premium n'étoit guères mieux traité. — Les besoins du premier n'ont pu attendrir le cœur de cet homme sensible ; & j'étois bien près d'avoir avec le prodigue, le sort de mes ancêtres. Vous n'ignorez pas tout ce que j'ai fait pour Monsieur, (*montrant Joseph.*) en lui destinant la moitié de mon bien, je me flattois de le transmettre à un cœur sensible & bienfaisant : jugez de ma douleur en ne trouvant dans cet indigne neveu, que le plus lâche égoïsme uni à la plus noire ingratitude.

SIR PETER.

Ma surprise eût égalé la vôtre, si le masque de l'hipocrisie eût couvert encore la bassesse de son ame.

LADY TEAZLE.

Par bonheur, le voilà démasqué, & s'il ose se défendre, j'acheverai de le confondre.

SIR PETER.

N'en dites pas davantage ; s'il se reconnoît dans cet humiliant portrait, il est assez puni.

CHARLES *à part.*

S'ils ne traitent pas mieux le philosophe, à quoi ne dois je pas m'attendre !

SIR OLIVER.

Quant à ce prodigue.....

CHARLES *à part.*

Voici mon tour : mes ancêtres m'ont ruiné.

JOSEPH.

Permettez-moi, mon oncle, de vous dire ?....

CHARLES *à part.*

Que ne fait-il à présent un de ses discours moraux ! j'aurois le temps de me remettre.

SIR PETER.

Auriez-vous, par hazard, la prétention de vous justifier ?

JOSEPH.

Je me flatte qu'il en est encore temps.

SIR OLIVER *le regarde & lui tourne le dos.*

Quelle présomption ! (*à Charles.*) N'auriez-vous pas la même confiance ?

CHARLES.

Hélas ! non.

SIR OLIVER.

Vous m'avez trop initié dans les mystères, n'est-ce pas ?

CHARLES.

Il n'en faut pas parler, ce sont des secrets de famille.

ROWLEY.

J'ose espérer, Sir Oliver, que vous n'envisagez pas les étourderies de Charles d'un œil courroucé?

SIR OLIVER.

Pas même avec gravité. Le croiriez-vous, Sir Peter; ce jeune écervelé m'a vendu des juges & des généraux d'armée comme des vieux meubles, & des tantes & des cousines, mortes demoiselles, comme de la porcelaine fêlée.

CHARLES *moitié souriant.*

J'avoue que j'ai pris de grandes libertés avec mes ancêtres; je souscris même au droit qu'ils ont de m'en faire des reproches, si je ne parois pas aussi pénétré de mes fautes, que je devrois l'être, il faut l'attribuer au plaisir que je ressens en voyant mon cher, mon unique bienfaiteur.

(Il se jette dans les bras de Sir Oliver.)

SIR OLIVER *l'embrassant avec transport.*

Je te pardonne tout, mon ami: le portrait de la petite vilaine figure au-dessus du sopha, plaide trop vivement ta cause.

CHARLES.

Ma reconnoissance pour l'original augmentera chaque jour.

LADY TEAZLE *montrant Maria.*

Voici une autre reconciliation qu'il me tarde de voir.

SIR OLIVER.

Je n'ignore pas son attachement pour l'aimable Miss, & si j'ose en croire mes yeux, ce charmant embarras....

SIR PETER.

Mademoiselle l'expliquera.

MARIA.

Je désire vivement le bonheur de Monsieur, & malgré mes sentimens pour lui, je cède à celle dont les prétentions sont mieux fondées que les miennes.

SIR PETER.

Que signifie ce caprice ?

MARIA.

Lady Sneerwell & Monsieur, vous l'expliqueront.

CHARLES.

Lady Sneerwell !

JOSEPH.

Je suis fâché, mon frère, de révéler un secret que vous vouliez ensevelir dans l'oubli, mais l'honneur & la justice me forcent de parler.

SCENE XVI.

Les précédens, LADY SNEERWELL.

LADY SNEERWELL.

INGRAT! tant de perfidie m'oblige à vous confondre.

CHARLES *à Sir Oliver.*

Êtes-vous de la partie, mon oncle, pour me jouer un second tour?

JOSEPH.

Il ne faut qu'un témoin pour....

SIR PETER.

Et ce témoin est le digne M. Snake, n'est-ce pas? Vous l'avez emmené fort à propos, Madame. (*à un Laquais.*) Faites entrer M. Snake.

SCENE

SCENE XVII.

Les précédens, SNAKE.

LADY SNEERWELL.

MALHEUREUX! oses-tu conspirer contre moi?

SNAKE.

J'avoue, Myladi, que vous m'avez toujours bien payé pour mentir, mais ces Messieurs m'ont donné le double pour dire la vérité.

SIR PETER.

Mine & contremine, je vous félicite Madame sur vos grands talens.

LADY SNEERWELL.

Je souhaite que toutes les furies président à vos entreprises.

LADY TEAZLE.

Un mot s'il vous plaît. Avant de nous séparer je vous remercie de la peine que vous vous êtes donné d'écrire en mon nom à Charles, & de celle qu'à eue Monsieur d'y répondre. (*En montrant Joseph.*) Ayez aussi la complaisance de faire mes complimens au Collége médisant, dont vous êtes la présidente, & dites à vos dignes associés que Lady Teazle rougit d'y avoir été aggrégée.

LADY SNEERWELL.

Quelle insolence ! Adieu ; puisse votre mari vivre encore un demi siècle. (*Elle sort.*)

LADY TEAZLE.

Quelle abominable méchanceté ?

SIR PETER *à Joseph.*

Hé bien, Monsieur ! qu'avez-vous à repliquer ?

JOSEPH.

Mon silence annonce ma surprise. Pour prévenir de plus fâcheux accidens, je vais la suivre au défaut de mon frère. (*Il sort.*)

SIR PETER *souriant.*

Des sentimens jusqu'à la fin.

SIR OLIVER.

Qu'ils s'épousent, & nous serons vengés.

ROWLEY.

On n'a plus besoin de vous, M. Snake.

SNAKE.

J'espère, Messieurs & Dames, que vous me pardonnerez d'avoir aidé à vous tromper ?

SIR PETER.

Ce dernier trait nous fait oublier vos torts.

SNAKE.

De grace n'en parlez jamais.

SIR PETER.

Est-ce donc que vous rougissez d'avoir connu une fois la vertu.

SNAKE.

Considérez, Monsieur, que je ne saurois vivre avec elle ; la bassesse de mon caractère assure ma subsistance, & me donne des protecteurs.

(*Il sort.*)

SIR OLIVER.

Ne craignez pas que nos éloges vous fassent tort.

LADY TEAZLE *à Sir Oliver.*

Vous voyez que la reconciliation entre Maria & votre neveu, ne souffre plus d'obstacle.

SIR OLIVER.

Tant mieux, ils s'épouseront demain.

SIR PETER.

Mais, avant tout, il faut que ma pupille y consente.

CHARLES.

Si j'ose en croire ces regards charmans....

MARIA.

Vous pourriez vous y tromper.

SIR OLIVER *les prenant par la main.*

J'en réponds. Puissiez-vous être aussi heureux que je le désire !

SIR PETER.

Et puissiez-vous vivre aussi paisiblement que nous voulons vivre désormais, Lady Teazle & moi.

FIN.

www.ingramcontent.com/pod-product-compliance
Ingram Content Group UK Ltd.
Pitfield, Milton Keynes, MK11 3LW, UK
UKHW022109260726
13993UKWH00001B/403